SKORPION

SKORPION
24. Oktober – 21. November

Die besten Heilsteine für Ihr Sternzeichen

SANDY SITRON

Laurence King Verlag

INHALT

DER SKORPION
IM JAHRESLAUF

MONDENERGIE
UND BEWEGUNG
DES MERKURS

DIE STERNE, DIE STEINE UND SIE

DIE STERNE, DIE STEINE UND SIE

Die Sterne über Ihnen und die Steine unter Ihren Füßen sind Teil des Weltgefüges, das von der Astrologie aus einer kosmischen Perspektive betrachtet wird. Heilsteine, meist Kristalle, strahlen die heilende Energie der Erde ab. Sie können als Wegweiser im Leben dienen und Sie für Ihre eigenen Schwingungen sensibilisieren. So beginnen Sie, darüber nachzudenken, wer Sie sind, und sich besser auf Ihre Individualität einzustimmen. Geburtssteine und andere Kristalle können verwendet werden, um die Energie Ihres astrologischen Geburtshoroskops spürbar und nutzbar zu machen.

Machen Sie sich die Kraft der Kristalle und des Kosmos zunutze, um eine tiefere Verbindung zu sich selbst herzustellen und ein selbstbewusstes, kraftvolles, energiegeladenes Leben zu führen.

Die Astrologie ist die uralte Lehre von den wechselnden Positionen und der Energie der Himmelskörper sowie deren Auswirkungen auf unser Leben auf der Erde. Die einzigartige kosmische Umgebung, der die Sie sich zum Zeitpunkt Ihres ersten Atemzuges synchronisiert haben, gibt Ihnen Aufschluss über Ihre Persönlichkeitsmerkmale, Ihre besonderen Stärken, Ihr Wachstumspotenzial, Ihre emotionale Basis und vieles mehr. All das ist interpretierbar. Wenn Sie Ihr schwingungsfähiges Selbst besser verstehen, fällt es Ihnen leichter, fundierte Entscheidungen über die großen und kleinen Dinge in Ihrem Leben zu treffen. Sie können

bewusst eine Lebensperspektive entwickeln, und Ihr Geist wird geöffnet.

Heilsteine pulsieren mit dem Atem der Erde. Sie wirken auf einer energetischen Ebene und senden Schwingungen in die Welt hinaus. Sie sind natürliche Verstärker von positiver Energie und bringen disharmonische Energien ins Gleichgewicht. Jeder Heilstein hat seinen eigenen energetischen Bauplan, darum können verschiedene Substanzen das menschliche Energiefeld auf unterschiedliche Weise beeinflussen. Wenn Sie die Erkenntnisse der Astrologie mit der Heilkraft der Kristalle kombinieren, können Sie sich in bestimmten Lebensbereichen besser zurechtfinden und Ihre persönliche Transformation und Ihr spirituelles Wachstum während des astrologischen Jahres immer weiter verbessern.

Kristalle und die Konstellationen der Gestirne senden Signale, wir müssen nur lernen, sie zu empfangen. Dieses Buch präsentiert eine gezielte Auswahl von Kristallen, die Sie unterstützen, die einzigartige Energie Ihres Sternzeichens zu verstärken oder auszugleichen. Sie werden Einblicke in Ihr Leben gewinnen, Ihr Potenzial besser nutzen und lernen, harmonisch mit der Energie zu leben, die Sie umgibt.

Wenn Sie in den Nachthimmel blicken und einen Heilstein sanft in der Hand halten, fühlen Sie sich inspiriert, zu entschleunigen, nur im Hier und Jetzt präsent zu sein und sich auf eine überaus gewinnbringende Reise der Selbstentdeckung zu begeben.

INDIVIDUELLE EMPFEHLUNGEN

SELBSTENTDECKUNG MIT STERNEN UND HEILSTEINEN

Selbstverständlich gelten nicht alle Empfehlungen gleichermaßen für alle Menschen. Ratschläge, die für eine Person perfekt passen, können für eine andere nutzlos sein. Unabhängig davon, wo der Skorpion in Ihrer persönlichen Astrologie steht, wird dieses Buch Ihnen helfen, Ihre Skorpion-Natur besser zu verstehen, und es wird Ihnen spezifische Heilsteine für Ihr Zeichen und für jede astrologische Jahreszeit geben. Sie können diese perfekt auf den Skorpion zugeschnittenen Heilsteine nutzen, um Selbstvertrauen aufzubauen, Kreativität zu wecken, sich präsenter zu fühlen, Beziehungen zu harmonisieren, Liebe anzuziehen, alle Ihre Emotionen anzunehmen, Freundschaften zu pflegen, Fülle zu schaffen, Ihre Gesundheit und Ihr Wohlbefinden zu optimieren, Ihre natürlichen Gaben zu verstärken und insgesamt Ihr Gleichgewicht zu finden.

Wenn Sie verstehen, wie die Energien von Sternen und Heilsteinen sich auf Ihr Leben auswirken, können Sie tief in Ihre Skorpion-Energie eintauchen und lernen, wie Sie Kristalle einsetzen können, um Ihre durch den Skorpion angelegten Stärken zu nutzen, unabhängig davon, ob Skorpion Ihr Sonnen- oder Mondzeichen oder Ihr Aszendent ist. Sie werden entdecken, welche Kristalle für den Skorpion in Belangen wie Liebe, Freundschaft, Geld, Arbeit und Gesundheit förderlich sind und ihm helfen, sein volles Potenzial auszuschöpfen und seine Ziele zu erreichen.

Da in jeder astrologischen Jahreszeit eine andere Art von Energie schlummert, wird dieses Buch Sie durch das Jahr führen und Ihnen zeigen, wie Kristalle Ihnen helfen können, Ihre einzigartige Skorpion-Energie unter jedem Zeichen zu bündeln. So werden Sie lernen, mit Leichtigkeit durch die Jahreszeiten und die Zyklen der Natur zu navigieren. Sie werden entdecken, wie Kristalle Ihnen helfen können, das Auf und Ab des 29-tägigen Mondzyklus anzunehmen, zu umarmen, wie Sie mit dem rückläufigen Merkur umgehen und sogar wie Sie Ihre Woche planen können.

Dieses Buch ist Teil einer Serie, die jedes der zwölf Tierkreiszeichen mit spezifischen Kristallen in Verbindung bringt. Wenn Sie Ihre Entdeckungsreise vertiefen möchten, sollten Sie auch die Bände lesen, die sich mit anderen markanten Zeichen in Ihrem Geburtshoroskop beschäftigen.

DIE
STEINE

Edelsteine entstehen meist tief unter der Erdoberfläche durch das Zusammenwirken von mineralreichem Wasser, Hitze und Druck. In den unterirdischen »Kristallgärten« bilden Milliarden von Atomen streng geordnete, dreidimensional sich wiederholende Muster, aus denen einzigartige Kristalle entstehen. Und in jedem sind die Schwingungen der irdischen, physischen Realität enthalten.

Seit Jahrtausenden sind die Menschen auf der ganzen Welt von Kristallen fasziniert. Schillernde Schmuckstücke beflügeln die Vorstellungskraft seit über 30 000 Jahren. In der Demokratischen Republik Kongo wurden kleine, mit Quarz verzierte Werkzeuge gefunden, die bereits um 33 000 v. Chr. entstanden waren. Die Sumerer in Mesopotamien (dem heutigen Irak) verwendeten Kristalle im 4. Jahrhundert v. Chr. für Rituale und mystische Praktiken. Kristalle waren Schmuck, Statussymbol und Währung. Sie wurden in Religion, Heilkunde, Magie und in jüngerer Zeit auch für die Technologie verwendet, beispielsweise in frühen Radios. Die heutigen Computer, LC-Bildschirme und einige Batterien basieren auf der (Flüssig-) Kristalltechnologie.

Good Vibrations Menschen aus verschiedensten Kulturen und Generationen haben Kristalle auch für die Lebensführung genutzt. Es scheint, dass es für jede Facette der irdischen Erfahrung eine Kristallschwingung gibt, die den Menschen auf seinem Weg weiterbringt. Kristalle können helfen, Ruhe zu finden und Stress abzubauen, sie können Kraft und Zuversicht schenken, sie können aber auch Konzentration und Klarheit fördern, wenn eine wichtige Entscheidung zu fällen ist. Es wird angenommen, dass Kristalle die Energie aufnehmen, die Sie loslassen wollen, und die Energie freisetzen, die Sie aufzunehmen versuchen.

Wenn Sie sich zum Beispiel träge und lustlos fühlen, kann die hohe Energie- und Antriebsschwingung des Karneols motivierend und aktivierend wirken. Wenn Sie überhitzt oder gestresst sind, kann der Rosenquarz Ihnen helfen, zur Ruhe zu kommen und zu entspannen. Die Wahl des richtigen Kristalls, der mit Ihrer Energie resoniert oder auf sie reagiert, kann Ihre Stimmung oder Ihre Einstellung nachhaltig beeinflussen.

KRISTALLE
KAUFEN

Im zweiten Teil dieses Buches lernen Sie eine Auswahl von Kristallen kennen, die energetisch auf Ihre individuelle Astrologie abgestimmt sind. Wenn Sie sich diese Steine anschaffen möchten, sollten Sie sie verantwortungsbewusst wählen.

Nachhaltigkeit und Ethik Wie kam der Kristall, den Sie in der Hand halten, zu Ihnen? Diese Frage ist für das Wohlergehen der Erde und der Menschheit von großer Bedeutung.

Kristalle werden oft unter fragwürdigen Bedingungen gefördert. Achten Sie beim Kauf eines Kristalls darauf, dass seine Reise von der Mine bis zu Ihnen direkt und nachvollziehbar ist. Informieren Sie sich, ob im Förderbetrieb Aspekte wie Ethik, Nachhaltigkeit und Sicherheit berücksichtigt werden. Finden Sie heraus, ob die Edelsteinschleiferei den dort arbeitenden Menschen wirksamen Gesundheitsschutz bietet und einen existenzsichernden Lohn zahlt. Am besten ist es, Edelsteine von Verkäufern zu beziehen, die nur Steine aus nachhaltiger Förderung und Bearbeitung anbieten und dies nachweisen können.

Größe, Bearbeitung und Preis
Wenn Sie sich die Kraft eines Kristalls für den persönlichen Gebrauch zunutze machen möchten, spielt die Größe des Steins keine Rolle. Wenn Sie einen Kristall in der Hand halten oder ihn nahe am Körper tragen, befindet sich seine Schwingung in Ihrem Energiefeld und wirkt, unabhängig von seiner Größe.

Ein Rohstein ist ein Stein, der unbehandelt ist. In Bezug auf seine Heilkraft ist er ebenso wirksam wie ein geschliffener oder polierter Kristall. Sie können beim Kauf also bedenkenlos einen Stein auswählen, den Sie ansprechend finden, unabhängig von seiner Größe oder der Bearbeitung.

Die in diesem Buch ausgewählten Steine sind zu relativ moderaten Preisen im Fachhandel zu bekommen. Auch Steine, die vordergründig teuer und luxuriös erscheinen mögen, sind in verschiedenen Preisklassen erhältlich.

HEILSTEINE
FÜR ALLE FÄLLE

Im Folgenden finden Sie Kristallempfehlungen für Ihr spezielles Sternzeichen. Zunächst möchte ich jedoch einige Kristalle vorstellen, die jede Sammlung sinnvoll ergänzen und jedem Menschen zu jeder Zeit wertvolle Unterstützung schenken können.

ERDUNG
UND SCHUTZ

REINIGUNG
DER ENERGIE

Rauchquarz Erdung ist die Grundlage jeglicher spiritueller Arbeit, denn in unserem hektischen Alltag entfernen wir uns zu oft von uns selbst. Wir verbringen zu viel Zeit am Handy und zu wenig Zeit in der Natur, wir essen zu viel Zucker … – die Liste lässt sich verlängern. Wenn Sie bei Ihrem nächsten Meeting darüber nachdenken, wo Ihre Schlüssel sind oder was als Nächstes auf Ihrer To-do-Liste steht, brauchen Sie dringend Erdung. Sobald Sie sich geerdet fühlen, können Sie auch in Ihren Beziehungen präsent sein und sich auf Ihre körperlichen Bedürfnisse einstellen. Hierbei kann der Rauchquarz helfen. Er zentriert und schenkt emotionale Klarheit. Er kann helfen, eine Situation aus einer pragmatischeren Perspektive zu betrachten. Auf einer eher mystischen Ebene hilft der Rauchquarz, Ihr System vor energetischen Belastungen zu schützen. Er ist ein hervorragender Schutzstein, und schon wenn man ihn in der Hand hält, kann man sich stabiler fühlen.

Selenit Wir alle duschen oder baden regelmäßig, aber wir sollten auch unser Energiesystem reinigen. Eine energetische Reinigung kann helfen, Ihre Emotionen ins Gleichgewicht zu bringen und Ihren Geist zu klären. Reinigen Sie Ihre Energie nach einem anstrengenden Arbeitstag, nach intensiven sozialen Kontakten oder nach dem Aufenthalt in einer Menschenmenge. Oder setzen Sie Selenit ein, um sich nach einem schwierigen Gespräch von emotional belastenden Rückständen zu befreien. Eine energetische Reinigung wird auch in Umbruchphasen empfohlen, beispielsweise nach einer Trennung oder etwa einem Umzug. Verwenden Sie Selenit mit der Absicht, Ihr Energiefeld zu reinigen und sich von allem zu befreien, was Sie beschwert. Stellen Sie sich vor, dass Selenit durch Ihren gesamten Körper strahlt und Sie wunderbar reinigt und klärt.

Ritual mit Rauchquarz	Ritual mit Selenit
Führen Sie die erdende Übung auf Seite 26 aus und halten Sie dabei einen Rauchquarz in der Hand, um sich zu verankern.	Selenit kann auch verwendet werden, um die Energie anderer Steine zu reinigen. Legen Sie einen Selenit über Nacht neben Ihre Kristalle.

BERUHIGUNG UND ENTSPANNUNG

Rosenquarz Stress und Reizüberflutung kennen wir wohl alle. Manchmal ist das Nervensystem so überbeansprucht, dass wir nicht mehr zur Ruhe kommen. Dann brauchen Sie einen beruhigenden Heilstein, der beim Entspannen helfen kann. Wenn Sie Probleme mit dem (Ein-)Schlafen haben, nervös sind oder gerade schwierige Emotionen verarbeiten, kann Rosenquarz beruhigen. Dieser Stein in verträumtem Rosa ist für seine besänftigende Wirkung bekannt. Er beruhigt und stärkt gleichzeitig Ihre Fähigkeit für Mitgefühl. Wenn Sie sich niedergeschlagen, einsam oder enttäuscht fühlen, kann dieser Heilstein helfen, die Belastung abzubauen.

DIE EIGENE RICHTUNG FINDEN

Bergkristall Dies ist ein wahrer Allrounder. Wenn Sie mit ihm aktiv eine Absicht formulieren, wird er diese Absicht verstärken. Wenn sich Ihre Welt um Sie herum verändert und Sie eine neue Richtung einschlagen müssen, wird er Sie auf den richtigen Weg führen. Bergkristall kann helfen, Ihre Lebensziele zu erkennen, strategisch zu planen und sich festzulegen. Wenn Sie ihm einmal Ihre Wünsche und Sehnsüchte anvertraut haben, wird er die Schwingung Ihrer Absichten aktiv halten und Ihnen helfen, Ihre Zukunft zu visualisieren und zu verwirklichen.

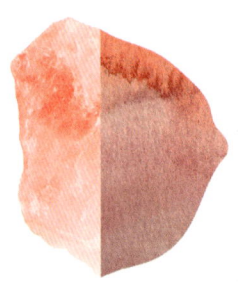

Ritual mit Rosenquarz	Ritual mit Bergkristall
Geben Sie einen getrommelten Rosenquarz in Ihre nächste Tasse Tee oder in Ihr nächstes Glas Wasser und genießen Sie das beruhigende Elixier in einem achtsamen Moment.	Formulieren Sie eine inspirierende Affirmation und schreiben Sie sie auf. Lesen Sie die Affirmation laut und halten Sie dabei einen Bergkristall in den Händen.

INTUITION
UND EINSICHT

Amethyst   Ihre Intuition ist Ihr natürliches Leitsystem. Es ist das Bauchgefühl, das signalisiert, ob sich etwas falsch oder genau richtig anfühlt. Die Intuition zeigt sich bei jedem Menschen auf unterschiedliche Weise, aber sie ist wie ein Muskel, der trainiert werden kann. Falls Sie Fragen zu Ihrem Leben haben und sich den Antworten nähern wollen, kann Amethyst helfen. Üben Sie sich in Neugier und Zuhören und lassen Sie diesen violetten Heilstein Ihr geistiges Auge öffnen. Amethyst kann auch helfen, in Ihrem nächsten wichtigen Gespräch, Meeting oder bei einer Präsentation das Richtige zu sagen. Und wenn Sie einen Kreativitätsschub brauchen, hilft Amethyst, die Kanäle der Inspiration zu öffnen.

	Ritual mit Amethyst	

Wenn Sie das nächste Mal vor einer Frage zu Ihrem Leben oder Ihrem Weg stehen, legen Sie sich hin und platzieren Sie einen Amethyst auf Ihrer Stirn oder in der Nähe Ihres Scheitels. Meditieren Sie und geben Sie der Antwort Raum. Sie wird aus Ihnen heraus auftauchen.

DIE ZEICHEN

SIE
UND DIE ASTROLOGIE

Sie sind ein einzigartiges Wesen mit zahllosen Eigenschaften, die Ihre Identität bestimmen. Die Astrologie beleuchtet Ihre Persönlichkeit und Ihren Weg. Sie beschreibt, wie Sie denken, lernen, lieben, handeln und vieles mehr, und sie kann genutzt werden, um die Energie des Augenblicks zu verstehen.

Seit Jahrtausenden befassen sich die Kulturen der Welt mit der Astrologie. Dieses Buch basiert auf der zeitgenössischen westlichen Astrologie. Wie alle Dinge im Universum erzeugen auch die Planeten auf ihrer Wanderung durch den Tierkreis Schwingungen, deren Energie sich auf den Menschen überträgt, vom ersten Atemzug an.

Ihre Astrologie ist viel mehr als nur Ihr reines Sternzeichen. Die exakten Positionen der Planeten im Tierkreis zum exakten Zeitpunkt Ihrer Geburt bilden Ihr Geburtshoroskop: eine individuelle Karte des Himmels, als Sie geboren wurden. Es zeigt Ihnen nicht nur Ihr Sternzeichen, das sich aus dem Stand der Sonne ergibt, sondern auch, in welche Zeichen der Mond und andere Planeten fallen. Dies ist der Schlüssel zum Verständnis Ihres persönlichen energetischen Codes.

Um Ihre einzigartige astrologische Verfasstheit zu entdecken, müssen Sie zunächst Ihr Geburtshoroskop erstellen.

SONNE, MOND
UND ASZENDENT

Wenn jemand nach dem Sternzeichen fragt, ist normalerweise das Sonnenzeichen gemeint. Interessant sind aber unbedingt auch das Mondzeichen und der Aszendent. Diese drei Symbole sind ein guter Ausgangspunkt für Ihre astrologische Erkundung, denn sie stellen die Grundzüge Ihrer Persönlichkeit dar – wie eine Skizze, die Ihr Abbild in wenigen Strichen festhält. Zusammen bestimmen diese drei Symbole Ihr inneres und äußeres Selbst.

Das Geburtshoroskop erstellen
Gehen Sie auf www.sandysitron. com/crystals (in englischer Sprache) und geben Sie unter dem Menüpunkt »Create Your Birth Chart« Ihre konkreten Geburtsdaten ein. Sie erhalten dann ein Geburtshoroskop, aus dem hervorgeht, in welchen Zeichen sich die Planeten zur Zeit Ihrer Geburt befanden und wo sie am Himmel standen.

SONNENZEICHEN

- Das konstante, helle Licht der Sonne symbolisiert Ihr Ego, den Teil von Ihnen, mit dem Sie sich bewusst identifizieren. So denken Sie über sich selbst.

- Die Sonne ist das Gravitationszentrum des Sonnensystems, sie steht für Ihr inneres Selbst, Ihren grundlegenden Charakter und Ihre Werte.

- Die Sonne ist die Energiequelle, die das Leben auf unserem Planeten erschafft. Sie steht dafür, wie Sie Ihre Energie kanalisieren.

MONDZEICHEN

- Den Mond sieht man meist nachts. Er steht für den Teil des Selbst, der schwer zu fassen ist – das Unbewusste.

- Der Mond verändert seine Gestalt im Laufe des Mondmonats. Er steht für Ihre sich ständig verändernden Gefühle und dafür, wie Sie unbewusst auf sie reagieren.

- Der Mond umkreist die Erde. Er beschreibt, wie Sie sich nach innen wenden, um sich zu schützen, zu nähren und zu beruhigen.

ASZENDENT

- Als Aszendent bezeichnet man das Tierkreiszeichen, das zum genauen Zeitpunkt Ihrer Geburt am östlichen Horizont aufgegangen ist.

- Der Aszendent wirft neues Licht auf die Welt. Er symbolisiert, wie das Licht Ihrer Persönlichkeit nach vorn strahlt, wenn Sie die Straße entlanggehen, neue Menschen treffen oder in den sozialen Medien interagieren. Er repräsentiert Ihre Ausstrahlung oder Ihre »Marke«. Der Aszendent verkörpert, wie andere Menschen Sie sehen.

- Auf den folgenden Seiten erfahren Sie, wie Sie Ihre einzigartige Skorpion-Energie mithilfe von unterstützenden Kristallen ausgleichen oder verstärken können. Ganz gleich, ob der Skorpion Ihr Sonnen- oder Mondzeichen oder Ihr Aszendent ist: Dieses Buch wird Ihnen helfen, Ihre Ausrichtung zu finden, und Ihnen zeigen, wie Sie Ihre angeborenen Gaben optimal nutzen können.

PLANETEN

SONNE

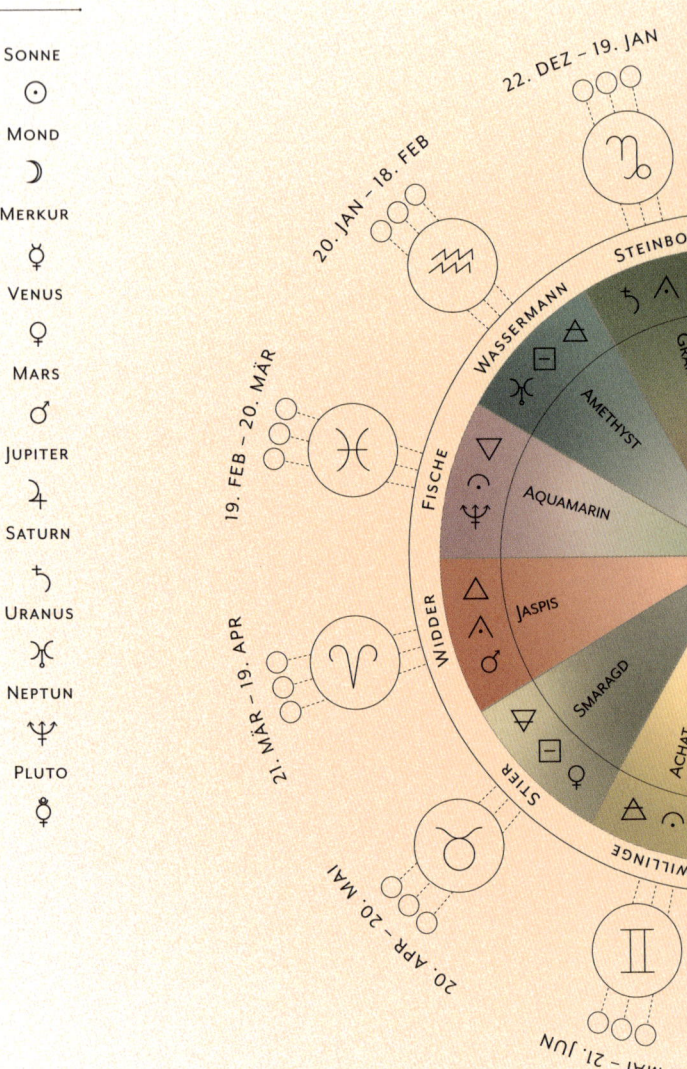

MOND

MERKUR

VENUS

MARS

JUPITER

SATURN

URANUS

NEPTUN

PLUTO

22. DEZ – 19. JAN

20. JAN – 18. FEB

19. FEB – 20. MÄR

21. MÄR – 19. APR

20. APR – 20. MAI

21. MAI – 21. JUN

STEINBOCK

WASSERMANN

FISCHE

WIDDER

STIER

ZWILLINGE

GRANAT

AMETHYST

AQUAMARIN

JASPIS

SMARAGD

ACHAT

DIE DATEN SIND UNGEFÄHRE ANGABEN, DA SIE SICH
VON JAHR ZU JAHR GERINGFÜGIG VERSCHIEBEN KÖNNEN.

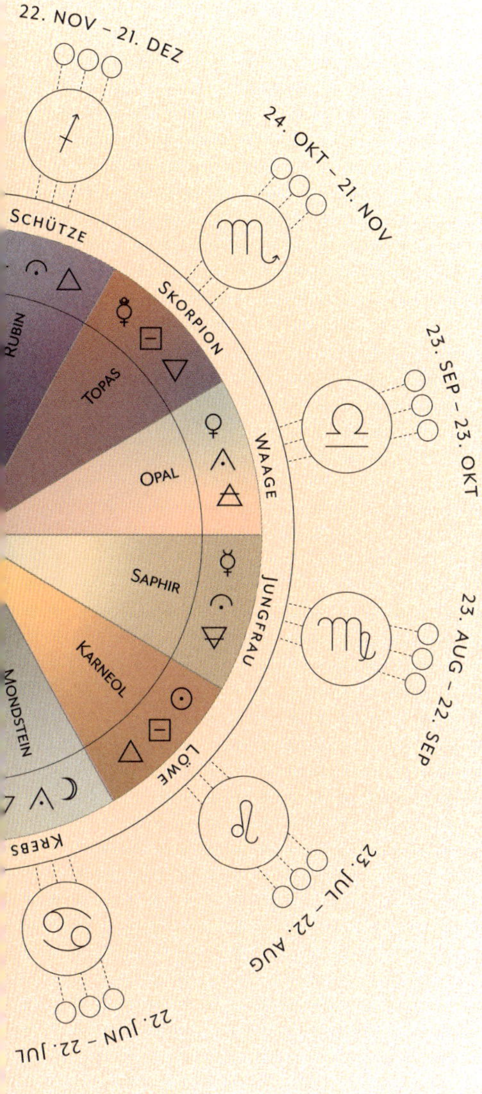

FEUER
△

ERDE
▽

LUFT
△

WASSER
▽

22. NOV – 21. DEZ

24. OKT – 21. NOV

23. SEP – 23. OKT

23. AUG – 22. SEP

23. JUL – 22. AUG

22. JUN – 22. JUL

SCHÜTZE

SKORPION

WAAGE

JUNGFRAU

LÖWE

KREBS

RUBIN

TOPAS

OPAL

SAPHIR

KARNEOL

MONDSTEIN

MODALITÄT

KARDINAL
∧

FEST
□

BEWEGLICH
⌒

AUFBRUCH ZUR SELBSTENTDECKUNG

Zwei wichtige Werkzeuge helfen im Zusammenhang
mit Sternen und Kristallen, auf dem Weg der Selbstentdeckung voranzukommen: Intuition und Absicht.
Intuition hilft zu erkennen, was Sie wollen,
und Absicht ist nötig, um Pläne zu verwirklichen.

DIE INTUITION ALS FÜHRUNG ANNEHMEN

Jeder Mensch verfügt über Intuition. Sie ist die innere Weisheit, unser eingebautes Leitsystem. Nutzen Sie die folgenden Übungen, um Ihrer inneren Stimme mehr Gewicht zu verleihen.

	Verbindung zur Intuition finden	

Entschleunigen Atmen Sie ein paarmal tief ein und aus und schließen Sie die Augen. Je mehr Sie Ihr Leben entschleunigen können (und seien es nur fünf Minuten), desto deutlicher vernehmbar wird Ihre innere Stimme.

Eine Frage stellen Was genau wollen Sie wissen? Fragen Sie sich laut oder formulieren Sie im Stillen. Sie können die Frage auch aufschreiben, malen oder tanzen. Wichtig ist nur, dass die Fragestellung klar ist. Wenn Sie aktuell keine konkrete Frage haben, probieren Sie diese: »Was muss ich wissen, das ich noch nicht weiß?«

Die Antwort hören Vielleicht hören Sie Worte oder spüren eine Regung in Ihrem Körper. Vielleicht schreiben Sie Ihre Frage in ein Notizbuch, blättern die Seite um und schreiben die Antwort auf. Vielleicht spüren Sie eine emotionale Reaktion oder das Bedürfnis, sich auf eine bestimmte Weise zu bewegen. Seien Sie aufmerksam und folgen Sie dem Impuls.

Üben Je mehr Sie das Fragen und Zuhören üben, desto besser werden Sie Ihre innere Stimme verstehen. So wie Kraftsport die Muskeln stärkt, kann diese Übung Ihren »Intuitionsmuskel« kräftigen. Bleiben Sie dran.

ABSICHTEN FORMULIEREN

Während der Meditation und bei Ritualen
können Sie Ihre Kristalle mit den Absichten oder
Affirmationen programmieren, die Ihnen helfen,
Ihre übergeordneten Ziele zu erreichen.
Eine Absicht ist ein neuer Gedanke, den Sie
sich gern zu eigen machen würden. Unser
Unterbewusstsein spart Energie, indem es
bestimmte Gedanken und Gewohnheiten
immer wieder aufgreift. Diese an sich kluge
(Über-)Lebensstrategie hat Vorteile, denn wir
gewinnen beispielsweise mehr Energie und
Raum für besondere, einmalige Dinge. Zu
den Schattenseiten gehört, dass wir in starren
Mustern feststecken können. Um eine neue
Denkweise dauerhaft zu etablieren, könnten Sie
beispielsweise den neuen Gedanken bewusst und
absichtsvoll wiederholen. Hier erfahren Sie, wie
das Ganze gehen kann.

Was würden Sie gern verändern? Wo stecken Sie fest? Welches alte Verhaltensmuster würden Sie gern ablegen? Ein Beispiel: »Ich stecke fest. Ich habe zwar immer tolle Ideen für Projekte, aber ich bringe nie zu Ende, was ich anfange.«

- Beginnen Sie mit einem Wunsch, zum Beispiel: »Es wäre schön, wenn ich meine Vorhaben öfter zu Ende brächte.«

- Machen Sie daraus eine Aussage, etwa: »Ich schließe meine Vorhaben auch ab.«

- Positive Affirmation
Formulieren Sie, was Sie wollen, und nicht, was Sie *nicht* wollen: »Ich schließe meine Projekte ab« statt »Ich will meine Projekte nicht unfertig abbrechen«.

- In die Gegenwart bringen
Schreiben Sie die Affirmation im Präsens auf: »Ich schließe meine Projekte ab«, nicht: »Ich werde meine Projekte abschließen.«

- Ein Gefühl beschreiben
Verstärken Sie die Affirmation mit einem positiven Gefühl: »Ich schließe meine Projekte ab und bin sehr zufrieden mit mir.«

- Bewerten
Vermittelt Ihre Affirmation ein positives Gefühl? Falls ja, wunderbar! Sie haben Ihre Affirmation gefunden. Wenn nicht, verfeinern Sie sie weiter. Verstärken Sie die Glaubwürdigkeit. Vielleicht braucht Ihr Unterbewusstsein mehr Hilfe, um der Affirmation zu trauen. Versuchen Sie es in diesem Fall mit: »Ich glaube an die Möglichkeit, dass ich meine Projekte zu Ende bringe und mich zufrieden fühle« oder »Ich lerne, meine Projekte mit Zufriedenheit und Leichtigkeit zu beenden«. Mit der Zeit und etwas Übung werden Sie feststellen, dass Sie den Zwischenschritt nicht mehr brauchen. Dann können Sie Ihre Affirmation aktualisieren in: »Ich schließe meine Projekte mit Leichtigkeit ab und bin sehr zufrieden mit mir!«

MIT KRISTALLEN ARBEITEN

Kristalle sind eine mächtige Kraft, aber um sie optimal zu nutzen, sollten Sie sie durch regelmäßige Pflege reinigen und aufladen. Außerdem sollten Sie lernen, wie Sie Kristalle mit den von Ihnen entwickelten Absichten aktivieren können.

KRISTALLE
REINIGEN

Alle Dinge auf der Erde durchlaufen einen Prozess von Verfall und Erneuerung. Die Reinigung von Kristallen ist wichtig, damit sich ihre klare energetische Frequenz erneuern kann. Stellen Sie sich bei der Reinigung vor, dass Sie den Kristall von jeglicher Energie befreien, die er von Ihnen selbst, von anderen Menschen und der Umwelt aufgenommen hat.

Reinigungsrituale

Informieren Sie sich über Ihren Heilstein, um herauszufinden, ob die vorgesehene Reinigungsmethode für ihn und Sie selbst unbedenklich ist. Manche Kristalle können sich zum Beispiel in Wasser auflösen oder im Sonnenlicht verblassen. Manche Steine enthalten Mineralien, die sich in Wasser lösen können und dann gesundheitsschädlich sind.

Licht: Den Kristall eine Stunde lang ins Sonnen- oder Mondlicht legen.
Salz: Den Kristall etwa 5 Minuten in Salz legen.
Klänge: Singen oder ein Instrument verwenden, z. B. Klangschalen, Glocken oder Stimmgabeln.

Wasser: Den Kristall einige Minuten lang unter fließendes Wasser (aus einer natürlichen Quelle oder dem Wasserhahn) halten.
Visualisierung: Stellen Sie sich vor, wie kristallines Licht oder Erzengel den Kristall umgeben und ihn reinigen.
Selenit: Den Heilstein über Nacht neben einen Selenit legen.
Erde: Den Kristall für einen Tag in der Erde eingraben.

Der richtige Zeitpunkt: Kristalle sollten gleich nach der Anschaffung gereinigt werden, danach etwa einmal monatlich – auch öfter, wenn sie häufig benutzt werden.

ERDUNG
FINDEN

Vor jeder Art von Energiearbeit ist es wichtig, sich zu erden. Wenn ein Schiff seinen Anker in einem ruhigen Hafen auswirft, ist es davor geschützt, von starken Wellen zurück ins Meer gezogen zu werden. Bei der Energiearbeit mit Kristallen kann es vorkommen, dass Sie sich treiben lassen und weit in die Ferne träumen. Darum sollten Sie sicher mit der Erde verbunden sein.

So erden
Sie sich

- Sie sitzen oder liegen bequem mit geschlossenen Augen an einem ruhigen Platz. Stellen Sie sich vor, Ihr Körper sei ein Baumstamm und aus den Fußsohlen wachsen Wurzeln.

- Ruhig und tief atmen. Stellen Sie sich vor, Ihre Wurzeln wachsen in den Boden hinein und weiter bis zum Erdkern.

- Visualisieren Sie ein heilendes Licht, das von den Wurzelspitzen in Ihren Körper aufsteigt. Stellen Sie sich vor, dass dieses heilende Licht durch Ihren Körper zirkuliert, jegliche Anspannung und Stress aufnimmt und zurück in die Erde trägt.

- Stellen Sie sich weiterhin den Energiefluss vor: erdende Energie, die durch Ihre Wurzeln nach oben strömt, während Spannung und Stress zur Erde zurückfließen.

- Wenn Sie sich entspannt und geerdet fühlen, danken Sie der Erde, bevor Sie die Augen öffnen.

IHRE KRISTALLE
AKTIVIEREN

Der Kristall ist gereinigt, und Sie sind geerdet. Nun können Sie Ihren Kristall mit der Absicht, die Sie entwickelt haben, »programmieren«. Dabei wird er so aktiviert, dass seine Schwingungen ganz auf Ihre Wünsche und Ziele abgestimmt sind. Es ist ganz einfach, dem Kristall mitzuteilen, was Sie erschaffen oder erreichen möchten.

So aktivieren Sie einen Kristall

Um die Kraft des Kristalls zu verstärken, konzentrieren Sie sich auf Ihre Absicht und richten Sie diese Energie auf den Kristall. Beachten Sie:

- Die Absicht oder Affirmation muss klar sein.

- Einen (Meditations-)Timer auf 10 Minuten stellen.

- Sie sitzen bequem auf einem Stuhl oder auf dem Boden.

- Den Kristall in den Händen halten oder auf den Körper legen. Sie können ihn auch vor sich auf einem Tisch oder auf dem Boden platzieren.

- Bei jedem Einatmen die Intention wiederholen – laut oder in Gedanken.

- Bei jedem Ausatmen die Aufmerksamkeit auf den Kristall richten.

- Wenn die Aufmerksamkeit abschweift, konzentrieren Sie sich einfach wieder auf den Kristall und Ihren Atem.

- Wiederholen, bis der Timer klingelt.

SKORPION

DATEN: **24. OKTOBER – 21. NOVEMBER** ELEMENT: **WASSER**
MODALITÄT: **FEST** PLANET: **PLUTO**
SYMBOL: **SKORPION** KRISTALL: **TOPAS**

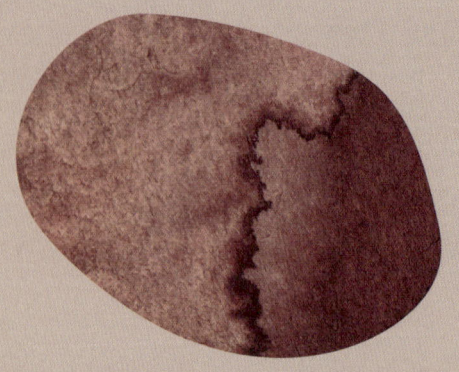

IHR STERNZEICHEN
KURZ ERKLÄRT

Der Skorpion ist tiefgründig, leidenschaftlich und einfühlsam. Gleich drei Symbole verdeutlichen seine Komplexität: Skorpion, Adler und Phönix.

Der nachtaktive Skorpion steht für Selbstschutz und beschreibt, wie Sie Geheimnisse des Lebens erforschen. Der Adler symbolisiert Ihre scharfe Beobachtungsgabe. Der Phönix ist ein mythisches Wesen, das zyklisch verbrennt und wiedergeboren wird. Wie der Phönix erlebt Ihr Zeichen im Laufe Ihres Lebens ein unglaubliches Wachstum. Das Motto des Skorpions lautet »Ich verwandle mich«. Da Sie wachstumsorientiert sind, scheuen Sie sich nicht, die Vergangenheit loszulassen und mit großem Enthusiasmus vorwärtszugehen. Sie halten entschlossen an Ihrem Weg der psychologischen Entwicklung fest, und die Ergebnisse sind für Ihre Umgebung inspirierend.

Sie sind charismatisch und leidenschaftlich. Andere fühlen sich zu Ihnen hingezogen, aber Sie halten nicht viel von Small Talk. Sie sind wählerisch, wen Sie in Ihren inneren Kreis aufnehmen. In Beziehungen sehnen Sie sich nach tiefer emotionaler Verbundenheit. Wenn Sie bemerken, dass Sie jemandem wahrlich vertrauen können, entsteht eine solche enge Verbindung. Sie sind dann sehr loyal und ein treuer Freund für diejenigen, die Ihren hohen Ansprüchen genügen.

Als tiefgründiger Denker nehmen Sie Ihre Umwelt sehr sensibel wahr. Mit ausgeprägter Intuition sehen und verstehen Sie Dinge, die andere zu übersehen scheinen.

DER SKORPION: EIN WASSERZEICHEN

Das Element Wasser symbolisiert die stille Sprache des Geistes, der Emotionen, der Intuition und Kreativität. Sie sind sensibel und tiefgründig und haben eine starke Verbindung zu Ihrer emotionalen Wahrheit. Sie handeln mit Sorgfalt und Mitgefühl und möchten ein Leben führen, das Ihrem Herzen entspricht.

DER SKORPION: EIN ZWISCHENMENSCHLICHES ZEICHEN

Als zweites der drei Wasserzeichen ist der Skorpion ein zwischenmenschliches Zeichen. Diese lehnen sich aus Freude an der Verbindung an andere Menschen an. Sie sehnen sich danach, sich mit anderen emotional, körperlich und spirituell zu verbinden.

DER SKORPION: EIN FESTES ZEICHEN

Die festen Zeichen beißen sich fest und halten durch. Diese Energie hält Projekte am Laufen, auch wenn die Zeiten schwierig sind. Die skorpiontypische Beständigkeit hilft Ihnen, Ihre langfristigen Ziele zu erreichen.

UNTER DER HERRSCHAFT DES PLUTO

Pluto ist weit entfernt und geheimnisvoll. Er ist als Planet der Transformation und der Evolution bekannt und macht dem Skorpion das Loslassen und Neuanfangen leicht.

DAS TIERSYMBOL

Das Symboltier steht für Selbstschutz, Widerstandsfähigkeit und Kraft. Als Skorpion sind Sie mit einem starken Panzer ausgestattet, um Ihre emotionale, weiche Seite zu schützen, und einem Stachel, um sich zu verteidigen.

GOLDTOPAS – EIN WICHTIGER GEBURTSSTEIN

Der Goldtopas ist ein heilender und stabilisierender Kristall, der die unerbittliche, unruhige Skorpion-Energie ausgleicht. Wenn Sie an Ihre Grenzen gestoßen sind, hilft dieser vitalisierende Stein Ihnen, Ihre Speicher wieder aufzufüllen. Außerdem hilft der Goldtopas Ihnen, sich zu zentrieren, wenn Ihre Emotionen für Unruhe sorgen.

WESENSZÜGE
DES SKORPIONS

Ihre Schlüsseleigenschaften zeigen, wie viel
Glanz Sie verbreiten. Diese Charakterzüge
machen Sie einzigartig.

Aufmerksam   Ihre Aufnahmefähigkeit wird sowohl von intuitiven Einsichten als auch von einem scharfen Intellekt angetrieben. Sie haken nach, um das ganze Bild zu verstehen. Ihnen bleibt so leicht nichts verborgen.

Motiviert   Wenn Sie sich für ein Ziel begeistern, kann nichts Sie aufhalten. Sie sind zielstrebig und entschlossen.

Anziehend   Mit ihrer charismatischen Energie ziehen Sie Menschen in Ihren Bann.

Einfühlsam   Sie sind sensibel und intuitiv. Sie verstehen, wie sich andere Menschen fühlen.

Strategisch   Ihr Leben ähnelt einer Schachpartie. Sie denken immer voraus und Sie bevorzugen langfristige Strategien.

Loyal   Wenn Sie jemandem Ihr Vertrauen geschenkt haben, sind Sie unerschütterlich in Ihrer Treue.

Zielstrebig   Ausdauer und Selbstvertrauen tragen zu Ihrem schier unverwüstlichen Naturell bei.

Mutig   Ihr Mut beruht auf Ihrer immensen Stärke und Ihrer Fähigkeit, sich von Herausforderungen nicht einschüchtern zu lassen.

STÄRKEN UND SCHWÄCHEN
DES SKORPIONS

Ihre natürlichen Gaben haben positive
und negative Seiten, die manchmal ins
Gleichgewicht gebracht werden müssen.

Aufmerksam vs. paranoid   Sie sind so aufmerksam, dass Sie manchmal glauben, die wahren Beweggründe anderer Menschen erraten zu können. Wenn das passiert, bilden Sie sich vielleicht etwas Negatives ein, das es in Wirklichkeit gar nicht gibt.

Enthusiastisch vs. extrem   Sie sind entschlossen, leidenschaftlich und temperamentvoll. Wenn Ihre Energie zu stark sprudelt, können Sie extrem oder vielleicht sogar zwanghaft erscheinen.

Sensibel vs. boshaft   Wenn Sie sich verletzt fühlen, neigen Sie dazu, instinktiv Ihren Schmerz auf die Person abzuwälzen, die Sie als Verursacher wahrnehmen.

Konstant vs. kontrollierend   Ihre innere Beständigkeit ist eine wunderbare Eigenschaft, aber wenn Sie dasselbe von ihren Mitmenschen verlangen, können Sie herrschsüchtig, besitzergreifend oder kontrollierend werden.

Kraftvoll vs. zerstörerisch   Ihre Energie ist stark. Wenn Ihre Emotionen überkochen, kann es passieren, dass Sie eine zerstörerische Ader entwickeln.

Verbunden vs. verschlossen   Sie sehnen sich danach, sich mit anderen eng zu verbinden. Wenn es Ihnen phasenweise schwerfällt, Vertrauen zu fassen, ziehen Sie sich vielleicht in die Einsamkeit zurück.

MIT WEM VERTRÄGT
SICH DER SKORPION?

Die Frage der Verträglichkeit ist schwierig, denn
Sie sind weit mehr als nur Ihr Sonnenzeichen.
Und auch andere Menschen sind vielschichtig.

Bereichernd und harmonisch

Sie strecken zaghaft eine Zange nach der Schere des **Krebses** aus. Gemeinsam können Sie beide Ihre Abwehrmechanismen ablegen und Ihre Gefühle und Ihre Liebe teilen.

Die **Jungfrau** versteht Ihre engagierte und zielstrebige Haltung. Sie sind zwei Produktivitäts-Asse! Kein Detail entgeht Ihrer gemeinsamen Aufmerksamkeit.

Wenn Sie die höchsten Höhen erklimmen wollen, tun Sie sich in Sachen Strategie und Planung mit einem **Steinbock** zusammen.

Nehmen Sie ein Bad mit einem **Fisch** und tauchen Sie gemeinsam in die Tiefen der Gefühle und der Fantasie ein.

Herausfordernd und anstrengend

Der **Widder** ist schnell, aber Sie lassen sich gern Zeit. Durch nicht aufeinander abgestimmtes Tempo und Ihr Potenzial für Hitzigkeit entstehen Spannungen.

Wie eine Libelle berührt der **Zwilling** die Oberfläche, während Sie in die Tiefe tauchen. Nicht einfach, hier eine Verbindung herzustellen.

Wenn die **Waage** geruhsam spazieren gehen will, trainieren Sie gerade für einen harten Langstreckenlauf. Es ist schwierig, die Mitte zwischen den Extremen zu finden.

Der **Schütze** lenkt Sie von Ihren faszinierenden Forschungsprojekten ab. Wenn Sie das Gefühl haben, sich nicht mehr konzentrieren zu können, könnten Sie ärgerlich reagieren.

♋	♑	♈	♎
KREBS	STEINBOCK	WIDDER	WAAGE
♍	♓	♊	♐
JUNGFRAU	FISCHE	ZWILLINGE	SCHÜTZE

DER SKORPION
ALS SONNENZEICHEN

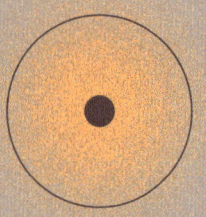

Wenn Sie zwischen dem 24. Oktober und dem
21. November geboren wurden, ist der Skorpion
Ihr Sonnenzeichen. Es beschreibt Ihre energetische
Grundverfassung.

So wie die Sonne das Zentrum des Sonnensystems ist,
symbolisiert Ihr Sonnenzeichen (landläufig »Sternzeichen«) den Kern Ihres Wesens. Als Skorpion-Mensch legen
Sie großen Wert auf Wahrheit, Vertrauen und Loyalität.
Sie wollen die Geheimnisse des Lebens erforschen und
drehen jeden Stein einzeln um, um Zugrundeliegendes zu
erforschen. Leidenschaft, Verbundenheit und Wachstums-
chancen treiben Sie an.

Sie sind fleißig und engagiert, darum müssen Sie manchmal das Loslassen üben. Sie müssen lernen, an Ihre unver-
wüstliche Natur zu glauben, sodass Sie sich stark genug
fühlen, anderen Menschen Ihre zarte Seite zu offenbaren.

Da Ihr Sonnenzeichen Ihr Selbstvertrauen stärkt und
Ihr Selbstwertgefühl belebt, sollten Sie vor allem auf zwei
Kristalle setzen. Einer verstärkt und erweitert Ihre Gaben,
der andere wirkt ausgleichend und unterstützt Sie in den
Bereichen, in denen Sie noch wachsen können.

VERSTÄRKENDER KRISTALL FÜR DEN SKORPION

ANTRIEB, FREUDE, STRAHLEN

Goldtopas Die Stärke des Goldtopas passt gut zu der Kraft und Intensität des Skorpions. Das orangegelbe Leuchten des Kristalls schenkt Ihnen spirituelle Inspiration.

Richten Sie Ihr Augenmerk auf die Entscheidungen, die am besten mit Ihren Interessen übereinstimmen.

Wenn Sie ein starkes Gefühl für das haben, was Sie in Ihrem Leben brauchen und erschaffen wollen, und dieses Potenzial dann mit der Energie dieses Steins aufladen, können Sie wirklich großartige Ergebnisse erzielen.

Der Skorpion ist ein engagiertes Zeichen. Ihre Hingabe und Loyalität werden sogar noch verstärkt, wenn Sie emotional aufgewühlt sind. Immer, wenn Sie mit dem Herzen dabei sind, sind Sie motiviert, Ihren Weg zu gehen. Der Goldtopas verstärkt Ihre natürliche Leidenschaft und Motivation und schenkt Ihnen einen strahlenden Optimismus.

Die beschwingte und freudige Qualität des Goldtopas verleiht Ihnen Energie. Sie haben einen starken Willen, und wenn Sie voller Hoffnung und Gewissheit sind, kann sich Ihnen nichts in den Weg stellen. Lassen Sie sich vom Goldtopas mit Strahlkraft und Fröhlichkeit erfüllen.

AUSGLEICHENDER KRISTALL FÜR DEN SKORPION

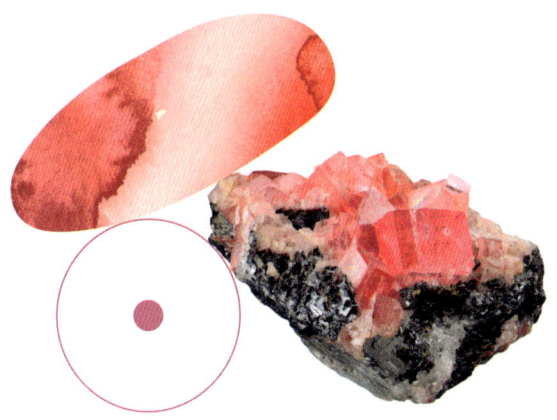

HEILUNG, VERTRAUEN, EIGENFÜRSORGE

Rhodochrosit Als Skorpion müssen Sie das Gleichgewicht zwischen einem verschlossenen und einem offenen Herzen finden. Ihr Herz braucht zwar Schutz, aber Sie müssen sich auch öffnen können, wenn es angebracht ist. Die heilende Energie des Rhodochrosits hilft, innere Stärke aufzubauen, damit Sie sich geschützt fühlen. Wenn Ihr Selbstwertgefühl und Ihre Eigenfürsorge gestärkt sind und Sie sich sicher fühlen, kann der Rhodochrosit Ihnen helfen, sich anderen gegenüber zu öffnen, sodass Sie Intimität und herzliche Verbundenheit genießen können. Mit seiner sanften, unterstützenden Energie hilft dieser rosarote Kristall Ihnen, sich selbst zu lieben. Setzen Sie ihn ein, um Gefühle von Mangel oder Einsamkeit zu lindern und Ihr Herz zu heilen. Dieser Kristall ist sanft und doch kraftvoll. Wenn Sie Unterstützung brauchen und sich daran erinnern wollen, dass das Universum hinter Ihnen steht, greifen Sie zum Rhodochrosit.

MONDZEICHEN SKORPION

KLARHEIT, KONZENTRATION, EMOTIONALE RUHE

Der Mond, der seine Gestalt ständig zu verändern scheint, symbolisiert den Teil von Ihnen, der sich ebenfalls verändert: Ihre Emotionen.

Wenn sich ein starkes Gefühl in Ihnen einstellt, tritt Ihr Skorpion-Wesen ins Rampenlicht. Ob es sich um Freude, Traurigkeit, Frustration oder Begeisterung handelt – wenn es um Emotionen geht, schalten Sie voll auf Skorpion. Ihre widerstandsfähige, ruhige, beschützende, leidenschaftliche, forschende und intuitive Seite tritt in den Vordergrund.

Mond-Skorpione reagieren eher langsam. Vielleicht behalten Sie Ihre Erfahrungen für sich, bis Sie sich sicher fühlen, sie teilen zu können. Lernen Sie, sich mitzuteilen, um gesehen, gehört und verstanden zu werden.

Während Sie Ihre eigenen emotionalen Erfahrungen für sich behalten, suchen andere Menschen Ihren Rat. Sie verfügen über eine heilende Energie und eine tiefe Weisheit, die Sie ständig weiterentwickeln.

Sie sind wachstumsorientiert und erleben im Laufe Ihres Lebens Phasen radikaler Veränderung. Von Zeit zu Zeit müssen Sie Ihre Emotionen bewusst überprüfen und verarbeiten, sie aus der Tiefe hervorholen und einen Prozess der Erneuerung einleiten. Sie profitieren von einem Kristall, der Ihnen hilft, klar und weise mit Ihren Emotionen umzugehen.

Stilbit Als leidenschaftlicher Mond-Skorpion werden Sie manchmal von starken Emotionen überwältigt, während Sie in anderen Momenten dazu neigen, Ihre Gefühle zu verbergen. Stilbit wirkt dann wie ein emotionaler Balsam. Wenn Sie Ihre Gefühlen ignorieren, kann dieser pfirsichfarbene Kristall helfen, gezielt Fragen zu Ihrem emotionalen Erleben zu stellen, um Klarheit und Einsicht zu finden. Nutzen Sie den Stilbit, um sich zu beruhigen, damit Sie die wunderbaren Qualitäten Ihres Skorpion-Mondes genießen können: intuitive Ausrichtung, Weisheit und Heilung.

ASZENDENT SKORPION

SELBSTVERTRAUEN, VITALITÄT
KREATIVITÄT

Der Aszendent ist das Zeichen, das am östlichen Horizont stand, als Sie geboren wurden. Es steht für das Gesicht, das Sie der Welt zeigen: Ihre soziale Persönlichkeit. Menschen mit Aszendent Skorpion besitzen große Anziehungskraft. Sie haben etwas Geheimnisvolles an sich, das die Menschen neugierig macht. In einer neuen Gruppe wirken Sie vielleicht schüchtern, weil Sie eine Weile brauchen, um die noch Fremden zu beobachten. Sobald Sie Ihre persönliche Bewertung vorgenommen haben, kommen Sie aus sich heraus. Dann sind Sie witzig, leidenschaftlich und sexy.

Andere Menschen erzählen Ihnen gern ihre Erlebnisse, um von Ihren guten Ratschlägen und Einschätzungen zu profitieren. Sie haben ein gutes Gespür für die menschliche Motivation und können oft erklären, warum sich jemand auf eine bestimmte Weise verhält. Auch Strategien können Sie gut entwickeln.

Sie verströmen eine heilende Energie und hören Menschen gut zu, wenn diese von ihren Gefühlen sprechen. Ihre eigenen Geheimnisse behalten Sie aber lieber für sich, und es kann eine ganze Weile dauern, bis jemand wirklich in Ihren engeren Kreis aufgenommen wird.

Gelber Labradorit Wenn Sie Ihre Energie steigern und sich stark genug fühlen möchten, um alles zu meistern, sollten Sie zum gelben Labradorit greifen. Der blassgelbe Kristall kann Ihre natürliche Vitalität und Kreativität aufladen, sodass Sie intensive Emotionen gut verarbeiten können und sich voller Energie fühlen.

Wenn Sie Ihre skorpiontypische Ausdauer und Ihre eigene Kraft spüren, wächst Ihr Selbstvertrauen. Sie sind empfindsam und doch entschlossen. Der gelbe Labradorit kann Ihr Gespür für Ziel und Richtung verbessern und Ihnen helfen, die Reise zu genießen.

WEITERE HEILSTEINE FÜR DEN SKORPION

Die folgenden Heilsteine sind hilfreich für alle Skorpion-Konstellationen: Sonnen-zeichen, Mondzeichen, Aszendent oder jeden anderen Skorpion-Planeten in Ihrem Horoskop. Diese kraftvollen Kristalle und Mineralien können den Skorpion in allen wichtigen Lebensbereichen unterstützen.

An Liebe und Beziehungen hat jeder andere Erwartungen, und diese können sich im Lauf der Zeit auch noch verändern. Vielleicht möchten Sie Liebe anziehen oder ihr folgen. Vielleicht möchten Sie Ihre Liebe tiefer empfinden oder sich körperlich, emotional oder spirituell für Intimität öffnen. Als Skorpion sind Sie stark partnerschaftlich orientiert, aber es dauert lange, bis Sie sich öffnen und vertrauen, denn Intimität ist immer mit dem Risiko verbunden, verletzt zu werden. Mit mehr Selbstvertrauen erkennen Sie, dass Sie nach einer Verletzung auch wieder auf die Beine kommen. Sie brauchen einen Kristall, der Sie darin unterstützt, zunächst sich selbst zu vertrauen, damit Sie sich leichter auf andere stützen können.

KRAFT
SELBSTVERTRAUEN
LIEBE

Rubin-Fuchsit   Dieser Heilstein verbindet die Vitalität und Wärme des roten Rubins mit der beruhigenden und herzzentrierten Energie des mintgrünen Fuchsits. Mit ihm können Sie lernen, sich zu lieben und sich selbst mehr zu vertrauen, um sich in einer liebevollen Beziehung zu öffnen. Der gesprenkelte Stein hilft, überholte emotionale Muster abzustreifen, die Vergangenheit loszulassen und Ihr Selbstwertgefühl zu stärken. Darüber hinaus verbindet er Sie mit Ihrem Herzzentrum, sodass Ihr Liebesgefühl verstärkt wird. Auf einem soliden Fundament aus Zuversicht und Selbstvertrauen können Sie sich mithilfe des Rubin-Fuchsits auf die Liebe einlassen.

Freunde bieten Unterstützung, stehen für Spaß, Zuneigung und neue Perspektiven. Als Skorpion genießen Sie die Zeit mit sich, schätzen aber auch tiefe Verbindungen. Sie müssen etwas unternehmen, damit beide Bedürfnisse befriedigt werden. Mit Freunden genießen Sie intensive Gespräche, die zum Kern dessen vordringen, was wirklich gedacht und gefühlt wird. Sie können gut zuhören und sind aufrichtig. Menschen zu finden, denen Sie vertrauen können, ist von größter Bedeutung. In der Freundschaft werden Sie von einem Kristall unterstützt, der Ihnen das Gefühl gibt, dass Sie sich mit anderen verbinden können.

Blauer Chalcedon Sie haben feine Antennen für den emotionalen Fluss in Ihren Freundschaften. Was gesagt wird, ist genauso wichtig wie das, was ungesagt bleibt. Der blaue Chalcedon hilft, in Gesprächen und Beziehungen unter die Oberfläche zu gehen. Der leuchtend blaue Stein unterstützt Sie dabei, weise und bewusst zu sprechen. Er kann Ihnen helfen, aufmerksam zuzuhören, damit Sie andere wirklich verstehen. Er ist ein Stein der Kommunikation, aber er kann auch in sozialen Situationen ausgleichend wirken. Nutzen Sie den blauen Chalcedon für Gelassenheit und vertrauensvolle Verbindung in Ihren Freundschaften.

GELASSENHEIT
WEISHEIT
KOMMUNIKATION

Astrologische Erkenntnisse können helfen, Ihre natürlichen Talente beim Geldverdienen gezielt einzusetzen. Engagement, Einsicht, Authentizität, Charisma, Tatkraft und strategische Planung sind Eigenschaften des Skorpions und gute Voraussetzungen für finanziellen Erfolg. Ihre Finanzplanung sollte strategisch sein, aber als emotionales Wasserzeichen stellen Sie vielleicht fest, dass Geld im Einklang mit Ihren Gefühlen fließt. Lernen Sie, unterschiedliche Strategien anzuwenden, die Ihrer Gefühlslage entsprechen und gleichzeitig Ihr Bedürfnis nach Sicherheit befriedigen. Der Skorpion steht für getrennte Kassen. Wenn Sie Ihr Geld mit einem Partner teilen, sollten Sie ein Gleichgewicht finden, das Sie beide auf eine gleichberechtigte Basis stellt.

DER SKORPION UND GELD

WOHLSTAND
FÜLLE
WÄRME

Peridot   Dieses Mineral ist ein klassischer Wohlstandsstein, der sich gut mit der Skorpion-Energie verträgt. Wer ihn trägt, kann seine warmen und sonnigen Eigenschaften nutzen, um seine finanziellen Möglichkeiten zu verbessern. Der Skorpion ist ein fixes Zeichen, und das kann Ihnen helfen, langfristig gute Gewohnheiten im Umgang mit Geld zu entwickeln oder sich an großen Zielen zu orientieren. Wenn sich die fröhliche, unbeschwerte Energie des Peridots mit Ihrer natürlichen Hingabe mischt, werden Sie nicht zu bremsen sein. Lassen Sie sich von diesem moosgrünen Kristall dazu einladen, ihre finanziellen Strategien fröhlich zu verfolgen.

Der Skorpion ist im Beruf engagiert und zielstrebig. Sie wünschen sich eine bedeutungsvolle Tätigkeit, die Sie auch emotional anspricht. Sie möchten Ihre Zeit selbst einteilen und Raum haben, um zu wachsen und etwas zu erreichen. Sie durchlaufen Phasen der Veränderung, in denen Sie eine alte Arbeitsweise vollständig ablegen und nach einer Wartezeit neue Wege gehen. Der Skorpion gräbt in der Erde, und vielleicht fühlen auch Sie sich zu einer Arbeit hingezogen, bei der Sie tief schürfen und die Geheimnisse der Existenz ergründen können. Psychologie, Archäologie, Mystik, Forschung oder Detektivarbeit könnten zu Ihnen passen.

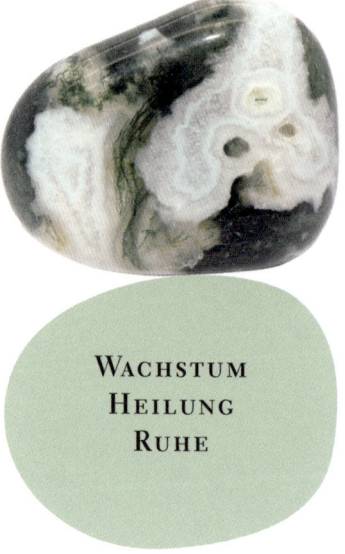

Baumachat Der Baumachat ist ein weiß-grün gemusterter Quarz, der Ihnen helfen kann, Weisheit und Orientierung zu gewinnen, während Sie die Wahrheit Ihrer Gedanken, Gefühle und Muster untersuchen. Nach dieser inneren Arbeit wird Ihr Arbeitsalltag eine klarere Richtung erfahren. Für Skorpione steht Veränderung ohnehin auf der Tagesordnung. Wenn Sie den Wunsch nach einer Veränderung in Ihrem Arbeitsleben verspüren, hilft der Baumachat, Ihren Blick auf Ihre Überzeugungen zu richten. Dieser beruhigende Stein kann Ihnen helfen, das Leben, das Sie führen, zu akzeptieren und zu genießen, während er Sie gleichzeitig ermutigt, sich auf Veränderungen und Wachstum vorzubereiten.

**WACHSTUM
HEILUNG
RUHE**

DER SKORPION UND DIE GESUNDHEIT

Der Skorpion besitzt eine innere Kraft, die ihn antreibt und motiviert. Da er aber ein Wasserzeichen ist, folgt das Energieniveau einem Auf und Ab, wie Ebbe und Flut. Vielleicht neigen Sie dazu, Ihre Emotionen zu unterdrücken. Wenn Sie also körperliche Gesundheitsprobleme haben, sollten Sie Ihre Emotionen genau überprüfen und eventuell belastende Gefühle verarbeiten oder loslassen. Der Skorpion regiert die Fortpflanzungsorgane und den Sexualtrieb. Achten Sie darauf, durch geeignete Maßnahmen sowohl Ihre sexuelle Gesundheit als auch Ihr Glück zu fördern.

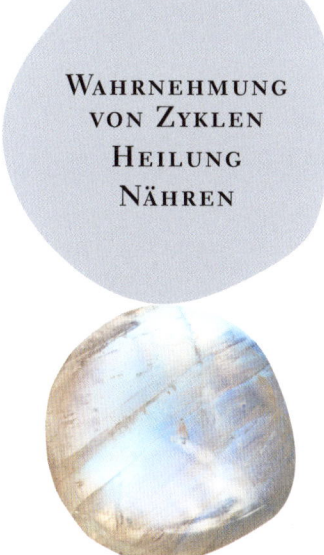

WAHRNEHMUNG VON ZYKLEN
HEILUNG
NÄHREN

Mondstein Der schimmernde Mondstein kann Ihnen helfen, geduldig zu sein und dem Moment zu vertrauen, in dem Sie sich befinden. Mit diesem erweiterten Sinn für Geduld fällt es Ihnen vielleicht leichter, langsamer zu werden und Ihre Gefühle zu erkunden. Der Mondstein kann Sie daran erinnern, gut für sich zu sorgen, damit Sie sich energiegeladen fühlen. Als wunderbarer Verbündeter hilft er Ihnen, sich durch die Zyklen Ihrer Gefühle zu bewegen. So kann Ihre emotionale Gesundheit Ihr körperliches Wohlbefinden verbessern.

DER SKORPION
IM JAHRESLAUF

Die Energien der Tierkreiszeichen beeinflussen uns das ganze Jahr über. Wenn man sich von den Rhythmen der Natur abgekoppelt fühlt, kann man aus dem Gleichgewicht geraten. Das kann zu Stress führen und Energie rauben. Darum empfiehlt es sich, die astrologischen Jahreszeiten zu verstehen und sich auf sie einzustellen.

Verwenden Sie für diese Abstimmung Kristalle, die die einzigartige Energie jedes Augenblicks verstärken, um wieder in den Rhythmus der Natur zu finden.

Auf ihrer Reise durch die zwölf Tierkreiszeichen nimmt die Sonne verschiedene Lebensbereiche in den Fokus. Lernen Sie die Hauptenergien der jeweiligen Jahreszeit kennen und entdecken Sie, wie Ihr individuelles Horoskop davon beeinflusst wird.

SELBSTVERTRAUEN UND FÜHRUNG

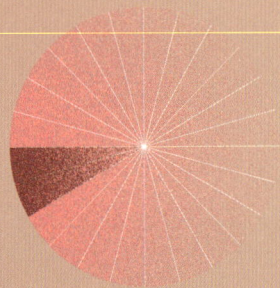

Die Widder-Zeit ist der Startschuss für ein Pferderennen. Los geht's, auf Teufel komm raus Richtung Ziel. Gehen Sie selbstbewusst in die Welt hinaus, treffen Sie mutige Entscheidungen und folgen Sie Ihrer Intuition. In dieser Jahreszeit geht es darum, Ja zu sagen zu dem, was Sie sind, und Ihr Leben in Freiheit zu leben. Die Knospen beginnen zu sprießen und neues Leben beginnt. Stimmen Sie sich auf dieses Gefühl der grenzenlosen Möglichkeiten ein.

SKORPION-HOROSKOP FÜR DIE WIDDER-ZEIT

Die Sonne erhellt Ihren Bereich der Organisation, der Gewohnheiten und der Gesundheit. Dies ist die Zeit, in der Sie die Details Ihres Lebens einer Prüfung unterziehen und die Dinge in Ordnung bringen. Nichts entgeht Ihrer Aufmerksamkeit, wenn Sie dabei sind, Ihre Gewohnheiten zu optimieren. Kleine Anpassungen, die Sie jetzt vornehmen, werden sich später auszahlen.

Übung für den Morgen

Bringen Sie den Puls mit
Kardiotraining auf Touren.

Übung für den Abend

Löschen Sie das innere Feuer
mit einem beruhigenden Kräutertee.

KRISTALLE FÜR
DIE WIDDER-ZEIT

SELBSTVERTRAUEN

Hessonit   Selbstsicherheit entsteht aus unerschütterlichem
Selbstvertrauen. Der Hessonit besitzt eine kraftvoll aktivie-
rende Energie, die Ihren Mut stärken kann. Eine ähnliche
Wirkung erzielen Sie mit grünem Aventurin, Orangencalcit
oder Malachit.

BEHERZT LEBEN

Rosa Aventurin   Wenn die Zeit reif ist für kühne Taten,
kann der rosa Aventurin Ihnen helfen, Ihr nächstes Abenteuer
zu bestehen. Dieser temperamentvolle Kristall verbindet
Sie mit Ihrem Herzzentrum und ist Ihr bester Komplize in
Sachen Mut, Kühnheit, aber auch Spaß. Alternativ könnten
Sie Rubin, Mandarinenquarz oder Sardonyx wählen.

ANTRIEB

Feuerachat   Wenn die Widder-Zeit das Fahrzeug ist, mit
dem Sie Ihre Leidenschaften und Wünsche ansteuern,
dann ist Feuerachat der Brennstoff. Ganz gleich, ob Sie ein
wichtiges Projekt in Angriff nehmen oder einfach nur den
Frühjahrsputz angehen möchten: Bringen Sie sich auf den
richtigen Weg, indem Sie sich mit der Schwingung dieses
wilden Kristalls synchronisieren. Alternativ eignen sich Helio-
trop, Stromatolith oder Cinnabarit (Zinnober).

GELD UND SELBSTWERT

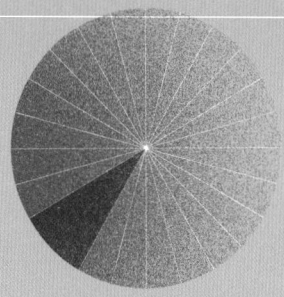

Wie Gartenarbeit mit Blüte und Ernte belohnt wird,
steht der Stier für anhaltende Bemühungen, die zu einer
Belohnung führen. Dies ist die beste Zeit, um sich auf
Ihren persönlichen Wert zu konzentrieren. Dadurch kann
Ihr Selbstbewusstsein wachsen, auf anderer Ebene kann
es eventuell darum gehen, über Sicherheit und Finanzen
nachzudenken. Die Schönheit des Lebens hat in der Stier-
Zeit ebenfalls ihren Stellenwert, denn sie erinnert uns, egal,
was passiert, an die einfachen Freuden.

SKORPION-HOROSKOP
FÜR DIE STIER-ZEIT

Denken Sie an Ihre wichtigen Beziehungen. Gibt es etwas, das besprochen
werden muss? Müssen Sie neue
Vereinbarungen treffen? Sollten Sie
mehr oder weniger Zeit miteinander
verbringen? Wie könnten Sie Dankbarkeit ausdrücken? Die Sonne wandert
durch Ihren Beziehungsbereich, es ist
also ein hervorragender Zeitpunkt, um
dieses Thema genauer zu beleuchten.

Übung für den Morgen	Übung für den Abend
Machen Sie sich drei Dinge bewusst, für die Sie dankbar sind.	Tun Sie Ihrem Körper etwas Gutes, vielleicht mit Dehnübungen oder weicher, gemütlicher Kleidung.

KRISTALLE FÜR DIE STIER-ZEIT

GELD

Grüne Jade   Ganz gleich, wie Ihre finanzielle Situation aussieht, grüne Jade wird sie verbessern. Als weicher und expansiver Wohlstandsstein, der den Geist besänftigt, wird er Sie dabei unterstützen, kluge Entscheidungen in Finanz-dingen zu treffen. Greifen Sie zu ihm, wenn Sie sich nach einem Gefühl der Sicherheit sehnen. Sie könnten auch Pyrit, Smaragd oder Epidot verwenden.

SELBSTWERT

Roter Jaspis   Der rote Jaspis stärkt Ihr Selbstwertgefühl. Wählen Sie ihn, wenn Sie sich unsicher fühlen, wenn Ihr Selbstvertrauen einen Boost gebrauchen könnte oder wenn Sie sich in irgendeiner Weise widerstandsfähiger fühlen wollen. Dieser Heilstein wird Ihnen helfen, auf Ihren eigenen Wert und Ihre Fähigkeiten zu vertrauen. Probieren Sie alter-nativ Karneol, Chrysokoll oder roten Beryll.

FÜLLE

Grüner Apatit   Wenn Sie das Gefühl haben, dass Ihnen etwas in Ihrem Leben fehlt, z. B. Geld, Zeit, Energie, Schlaf oder Unterstützung, müssen Sie vielleicht Ihren Sinn für Fülle stärken. Die Stier-Zeit führt uns die Fülle der Natur vor Augen, und der grüne Apatit hilft, die eigenen Energie-speicher wieder aufzufüllen und sich zufriedener zu fühlen. Dasselbe bewirken gelber Turmalin, Uwarowit und Achat.

WERTE UND GEMEINSCHAFT

Die Energie der Zwillinge erinnert an eine Biene, die von Blüte zu Blüte fliegt. Dies ist eine Zeit für geistige Anregung, neue Ideen, Lernen, Kommunikation und Austausch. Nutzen Sie die Zeit der Zwillinge, um Denkmuster und Ihre Werte kritisch zu hinterfragen. Welche Einstellungen haben ausgedient? Was ist wirklich wichtig für Sie? Treten Sie mit anderen Menschen in Kontakt. Was können Sie von anderen lernen? Was können Sie anderen mitgeben? Es ist eine heitere und lebendige Zeit voller neuer Verbindungen.

SKORPION-HOROSKOP FÜR DIE ZWILLINGE-ZEIT

Dies ist eine wichtige Phase, denn die Sonne erhellt Ihre Zone von emotionaler Intimität, Sex, Vergebung und Transformation. Welchen Zyklus möchten Sie abschließen? Wem können Sie vergeben, welche Muster wollen Sie loslassen? Wie wollen Sie sich fühlen, wenn Sie einem anderen Menschen nahe sind? Dies sind große Fragen, nehmen Sie sich ausreichend Zeit.

Übung für den Morgen	Übung für den Abend
Setzen Sie eine starke Absicht, um eine neue Denkweise zu entwickeln.	Stellen Sie sich vor dem Einschlafen vor, wie Sie sich auf einem Fest im Kreis Ihrer Lieben amüsieren.

KRISTALLE FÜR DIE ZWILLINGE-ZEIT

ALTE DENKMUSTER ABLEGEN

Heliodor Plagen Sie Sorgen oder Ängste? Nutzen Sie die revitalisierende Energie der Zwillinge und des Heliodors, um diese alten, schädlichen Denkmuster zu überwinden. Dieser Stein hilft Ihnen auf sanfte Weise, Ihre Gedanken zu harmonisieren und Ihre Ansichten zu korrigieren, damit Sie wieder zu Ihren wahren Werten finden. Alternativ können Sie auch Blue Lace Achat, Chromchalcedon oder Septarie verwenden.

VERBINDUNGEN

Achatisierte Koralle Wollen Sie sich gesehen, gehört und verstanden fühlen, greifen Sie zu achatisierter Koralle (Röhrenachat). Sie gibt den Anstoß, auf andere zuzugehen und Beziehungen zu Freunden, Partner, Familie, Kollegen oder Nachbarn zu analysieren. Sie hilft, die Beziehungen zu den Menschen im Umfeld mit Optimismus zu betrachten. Alternativen: Citrin, Aprikosenachat oder Bismut.

KOMMUNIKATION

Aquamarin Kommunikation schafft Verbindung und ermöglicht es uns, zu lernen und zu wachsen. Wenn Sie sich verwirrt oder wie in Nebel gehüllt fühlen, hilft Ihnen der Aquamarin, sich zu erden und zu festigen. Verwenden Sie ihn, um Ihre Stimme zu finden. Er hilft, sich auf Ihre eigene wahre Botschaft und die Wahrheit der Menschen um Sie herum einzustimmen. Stattdessen können Sie auch zu Türkis, Prärie-Tansanit oder grünem Chrysokoll greifen.

HEIM UND FÜRSORGE

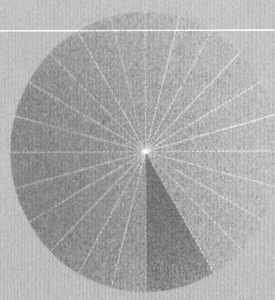

Dies ist eine Zeit der Heimkehr. Begeben Sie sich wie das Tiersymbol in eine schützende Hülle und denken Sie über Ihr Leben und Ihre Gefühle nach. Kümmern Sie sich in der Krebs-Zeit sinnvoll um sich selbst und setzen Sie Ihre Energie auch ein, um für andere zu sorgen. Finden Sie heraus, wie und wo Sie sich sicher und geborgen fühlen. Das kann Ihr eigenes Zuhause sein, Ihre engsten Beziehungen oder die Pflege der Gefühle und Bedürfnisse Ihres inneren Kindes.

SKORPION-HOROSKOP FÜR DIE KREBS-ZEIT

Halten Sie ein Teleskop an Ihr Auge: Wie weit können Sie sehen? Suchen Sie sich neue Räume, die Sie durchwandern und verändern können. Suchen Sie nach neuen Geschichten, die Sie studieren können. Die Sonne scheint in Ihren Sektor des Reisens, des Philosophierens und der Inspiration. Brechen Sie aus der Routine aus und erweitern Sie Ihren Horizont.

Affirmation

ICH SORGE GUT FÜR MICH UND AKZEPTIERE MICH SO, WIE ICH BIN.

Übung für den Morgen

Folgen Sie Ihrem inneren Kind:
Was möchte es heute tun?

Übung für den Abend

Bringen Sie Ihr inneres Kind mit
einem Wiegenlied zur Ruhe.

KRISTALLE FÜR
DIE KREBS-ZEIT

FÜRSORGE

Blauer Calcit   Worum möchten Sie sich kümmern: ein
Kind? Um sich selbst? Ein kreatives Projekt? Ehrliche
Fürsorge ist immer von Liebe inspiriert. Der blaue Calcit
hilft, das Herzzentrum zu erweichen. So können Sie Ihre
mitfühlende und aufmerksame Energie dort einsetzen, wo sie
am meisten gebraucht wird. Ähnliche hilfreiche Kristalle sind
Mondstein, blauer Chalcedon und Bienen-Jaspis.

ZUHAUSE

Manganocalcit   Das Heim ist Ihr emotionales Nest, wo Sie
sicher und geschützt sind und sich entspannen können. Ver-
wenden Sie Manganocalcit, um eine geerdete und friedliche
Umgebung zu schaffen. Dieser Heilstein wirkt wie Balsam
und hilft Ihnen, sich harmonisch zu fühlen. Legen Sie den
Kristall in Ihre Wohnung und formulieren Sie die Absicht,
Konflikte zu besänftigen und Ihre Umgebung zu beruhigen,
damit Sie nach einem langen Tag oder einer anstrengenden
Woche neue Energie tanken können. Probieren Sie auch
Chiastolith, Rosenquarz oder Pfirsichmondstein.

FAMILIE

Bornit   Mit Bornit können Sie Ihre engsten Beziehungen –
Familie oder Wahlverwandte – stärken. Dieser freudige Stein
hilft, die positiven Aspekte des Familienkreises anzunehmen,
während er Sie gleichzeitig erdet und Sie an Ihren Wert als
Individuum erinnert. Alternativ können Sie Orangencalcit,
Indigo Gabbro oder Girasol verwenden.

KREATIVITÄT
UND SPASS

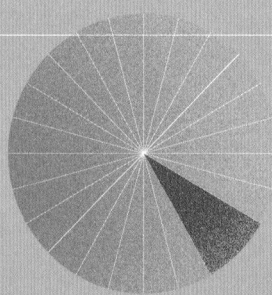

Die Phase des Löwen ist optimal, um Ihre Kreativität
einzusetzen und Ihr wahres Ich auszudrücken. Es geht
um spielerisches Teilen und kreatives Strahlen. Zeigen
Sie Ihr Herz aus Gold durch Direktheit, Freiheit,
Spontaneität, Großzügigkeit und viel Sinn für Spaß.
Erinnern Sie sich in dieser Zeit des Selbstausdrucks
daran, wie einzigartig Sie sind. Machen Sie sich
Gedanken darüber, was Sie inspiriert, und überlegen Sie,
was Sie an sich selbst am meisten lieben.

SKORPION-HOROSKOP
FÜR DIE LÖWE-ZEIT

Ihr Beruf verlangt nach Aufmerksamkeit. Dies könnte eine geschäftige und
produktive Zeit sein, denn die Sonne
beleuchtet Ihre Position in der Öffent-
lichkeit. Vielleicht erhalten Sie mehr
Anerkennung und neue Chancen.
Oder konzentrieren Sie sich auf die Planung. In jedem Fall gewinnen Sie an
Schwung, während Sie den Berg Ihrer
Ziele und Ambitionen besteigen.

Übung für den Morgen

Planen Sie täglich
etwas Kreatives.

Übung für den Abend

Finden Sie täglich einen Grund
zum Lachen und gehen
Sie lächelnd ins Bett.

KRISTALLE FÜR
DIE LÖWE-ZEIT

INSPIRATION

Rutilquarz Inspiration ist der kreative Funke, den Sie mit
dem Rutilquarz in ein loderndes Feuer verwandeln können.
Greifen Sie zu ihm, wenn Sie eine pfiffige Lösung für ein
berufliches Problem suchen, wenn Ihr Liebesleben einen
inspirierenden Impuls gebrauchen könnte oder wenn Sie
den Künstler in sich wecken möchten. Formulieren Sie Ihre
Absichten und lassen Sie diesen gut programmierbaren Stein
die Fackel Ihrer Träume tragen. Sie können auch Sonnen-
stein, gelben Labradorit oder gelben Saphir verwenden.

SELBSTWERT

Thulith In der Zeit des Löwen können Sie Unsicherheiten
und Selbstkritik getrost ablegen und auf Ihr wahres Selbst
vertrauen. Thulith stimmt Sie auf die Schwingung von Liebe,
Frieden und Harmonie ein und ermöglicht es Ihnen, präsent
und ganz authentisch zu sein. Greifen Sie alternativ zu
Rubin, Larimar oder Wüstenjaspis.

MUT

Gelber Apatit Das Löwenherz ist mutig! Der gelbe Apatit
verleiht Ihnen Leidenschaft, aber auch die Fähigkeit, unbe-
gründete Ängste zu erkennen und zu entkräften. Verwenden
Sie ihn, wenn Sie bei der Arbeit ein Risiko eingehen, ein
Gespräch mit jemandem beginnen, den Sie bewundern,
oder Ihre Werte verteidigen müssen. Andere Mut machende
Kristalle sind Karneol, Iolith-Sonnenstein oder Citrin.

GESUNDHEIT
UND GEWOHNHEITEN

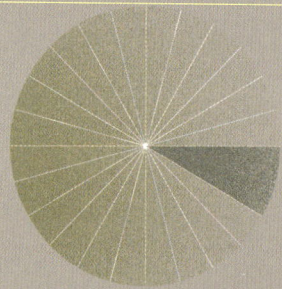

Unsere Ziele und Träume erfordern einen Blick auf das
große Ganze, aber die Jungfrau erinnert uns daran, dass das
Leben eigentlich im Kleinen gelebt wird. Konzentrieren Sie
sich auf Ihre Lebensführung, auf Ihre täglichen Routinen
und Rituale. Was ist Ihnen auf einer praktischen Ebene
wichtig? Die Jungfrau-Energie hilft Ihnen, die eigene
Gesundheit und Gewohnheiten unter die Lupe zu nehmen
und möglichst auch andere zu unterstützen.

SKORPION-HOROSKOP
FÜR DIE JUNGFRAU-ZEIT

Da die Sonne durch den Bereich
der Imagination, der Visionen und
Hoffnungen für die Zukunft wandert,
ist es an der Zeit, die Fantasie anzu-
regen. Welche Praktiken helfen Ihnen
beim Träumen und Visualisieren? Sie
könnten ein Tagebuch schreiben, eine
Collage gestalten oder einer geführten
Meditation folgen. Öffnen Sie Ihren
Geist für neue Einsichten.

Übung für den Morgen	Übung für den Abend
Beginnen Sie den Tag mit einem Glas Wasser.	Notieren Sie eine Aufgabe, die Sie am nächsten Tag erledigen wollen, und tun Sie es.

KRISTALLE FÜR DIE JUNGFRAU-ZEIT

KONZENTRATION

Bergkristall Beschäftigen Sie sich in der Jungfrau-Zeit mit Kleinigkeiten. Der reinigende Bergkristall hilft Ihnen, Ihre Aufmerksamkeit auf Ihre Verpflichtungen zu lenken. Wenn Sie den Quarz mit der Absicht programmieren, sich zu konzentrieren, werden Sie feststellen, dass er Sie unterstützt, egal, ob Sie ein Projekt mit einer knappen Deadline haben oder einfach nur bei der Sache bleiben müssen. Dasselbe können Sie mit Vanadinit, Amazonit oder Tigereisen erreichen.

GESUNDHEIT

Chevron-Amethyst Gute Gesundheit hängt von vielen Faktoren ab: Genetik, Ernährung, Bewegung, Zugang zu medizinischer Versorgung und mehr. Die Energie der Jungfrau wird Sie dazu ermutigen, Vorsorge für Ihr geistiges Wohlbefinden und Ihre körperliche Gesundheit zu betreiben. Dabei motiviert der Chevron-Amethyst, gesündere Entscheidungen mit Freude zu treffen. Alternativ versuchen Sie es mit Girasol, Fuchsit mit Rubin oder schwarzem Turmalin.

SELBSTLOSIGKEIT

Stromatolith Ohne Hilfsbereitschaft wäre der Mensch evolutionär nicht so erfolgreich. In der Jungfrau-Zeit stärkt der Stromatolith Freundlichkeit und Selbstlosigkeit. Was können Sie tun, um anderen zu helfen, sei es durch ehrenamtliche Tätigkeit, eine Spende für einen guten Zweck oder einfach durch ein Lächeln und Freundlichkeit? Ähnliche Unterstützung bieten Stichtit, Rhodonit oder Rosenquarz.

BEZIEHUNGEN UND GLEICHGEWICHT

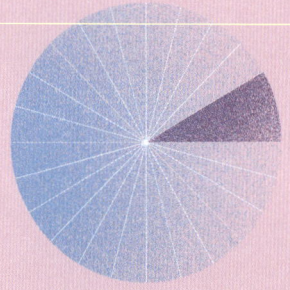

Die Waage steht für das Gleichgewicht. Nutzen Sie die Waage-Zeit für alle Lebensbereiche. Sind Ihre Beziehungen im Gleichgewicht? Haben die Menschen in Ihrem Umfeld, was sie wollen und brauchen? Die Waage-Zeit eignet sich auch gut, um neue Kontakte zu knüpfen oder durch Kunst, Dekoration und Ordnung ein Gleichgewicht in der räumlichen Umgebung zu schaffen. Die Waage ist das Symbol für Gerechtigkeit, und die Waage-Zeit bringt eine kollektive Sehnsucht mit sich, die Regierungssysteme gerechter zu gestalten und Ungleichheiten etwas entgegenzusetzen.

SKORPION-HOROSKOP FÜR DIE WAAGE-ZEIT

Wie könnten Sie sich mehr Raum geben, um einfach nur zu sein, ohne den Druck, etwas tun zu müssen? Selbst fünf Minuten könnten helfen, um sich nur treiben zu lassen. Die Sonne wandert durch Ihren Bereich der emotionalen Verbindung, des Rückzugs, der Spiritualität und der Intuition. Nutzen Sie Heilsteine, um sich mit Ihrem wahren Selbst verbunden zu fühlen.

Übung für den Morgen	Übung für den Abend
Schreiben Sie jemandem, warum er oder sie Ihnen wichtig ist.	Meditieren Sie, um geistiges Gleichgewicht zu finden.

KRISTALLE FÜR DIE WAAGE-ZEIT

GESUNDE GRENZEN

Iolith Klarheit in Beziehungen hat damit zu tun, die eigenen Wünsche und Bedürfnisse auszudrücken. Der Iolith (auch: Cordierit) kann helfen, sich selbst kennenzulernen – was wichtig ist, bevor man seine Vorstellungen mit anderen teilt. Sobald Ihre innere Basis stabil ist, kann der Iolith Ihnen helfen, auf andere zuzugehen und dabei gleichzeitig Ihre eigenen gesunden Grenzen zu wahren. Dieser Heilstein hat eine friedliche Energie, die helfen kann, ein Gleichgewicht in Partnerschaften herzustellen. Sie können stattdessen Amazonit, violette Jade oder Chiastolith (Kreuzstein) verwenden.

GLEICHGEWICHT

Shungit Gleichgewicht ist eigentlich kein Zustand, sondern Aktivität, weil es ständig Anpassungen erfordert. Es fällt in den Zuständigkeitsbereich des intellektuellen, analytischen Zeichens Waage. Prüfen Sie während der Waage-Zeit immer wieder selbst, in welchem Bereich mehr Gleichgewicht nötig ist. Der Shungit kann Stabilität verleihen. Alternativ wählen Sie Diopsid, Selenit oder Türkis.

ENTSCHLUSSKRAFT

Ametrin Die Waage-Zeit ist ideal, um Dinge gut zu durchdenken und neue Ideen zu entwickeln. Ein Ametrin auf dem Schreibtisch ist hilfreich, um produktiv zu planen oder wichtige Entscheidungen zu fällen. Dieser ausgleichende Stein wird Ihnen helfen, Ihr Leben auf Kurs zu halten. Versuchen Sie es ansonsten mit Variscit, Fluorit oder weißem Saphir.

VERÄNDERUNG UND VERGEBUNG

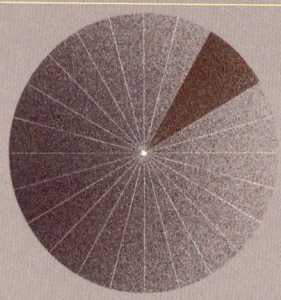

Die Skorpion-Zeit ist eine Phase emotionaler, körperlicher und geistiger Tiefe. Es ist eine Phase der Transformation, in der es Ihnen leichter fällt, verfestigte Gefühle und Gedankenmuster loszulassen und sich auf die nächste Stufe vorzubereiten. Indem Sie Überholtes ablegen und sich selbst schonungslos ehrlich betrachten, können Sie auch Ihre Beziehungen zu anderen vertiefen. Das gelingt, wenn Sie anderen erlauben, Ihr wahres Ich kennenzulernen.

SKORPION-HOROSKOP FÜR DIE SKORPION-ZEIT

Die Sonne erhellt Ihren ureigensten Bereich der Identität und Selbstverwirklichung. Drücken Sie sich aus! Vielleicht ist es Zeit für einen neuen Look oder ein neues kreatives Hobby.

Vielleicht möchten Sie neue Entscheidungen treffen oder eine Führungsrolle in einem Projekt übernehmen. Was auch immer Sie tun, gehen Sie aus sich heraus und haben Sie Spaß dabei.

INTIMITÄT

Rubellit Die Zeit des Skorpions ermuntert Sie, Wärme und
Nähe zu schaffen. Intimität zuzulassen, erfordert aber Mut.
Ob es dabei um sexuelle oder emotionale Intimität geht:
Der Rubellit (roter Turmalin) verhilft Ihnen zu ausreichend
Selbstbewusstsein, um eine tiefe Verbindung mit anderen
einzugehen. Andere Kristalle für mehr Intimität sind Granat,
Shiva Lingam oder roter Aventurin.

VERÄNDERUNG

Moldavit Veränderung ist mit Ende und Neuanfang verbunden. Moldavit hilft Ihnen, sich spirituell und emotional
anzupassen, wenn Sie an Wendepunkten in Ihrem Leben
stehen; wenn eine Beziehung zu Ende geht, eine Veränderung im Beruf ansteht oder ein Abenteuer ruft. Bei subtileren
Veränderungen wie dem Ablegen einer alten Gewohnheit
hilft der Moldavit, sich leichter auf die neue Realität einzustellen. Ähnlich wirken Shungit, Moosachat oder Tugtupit.

VERGEBUNG

Dioptas Ob Sie nun freundlicher zu sich selbst sein oder
einen Schmerz loslassen wollen, den Ihnen jemand zugefügt
hat – Vergebung ist immer ein Prozess. Vergebung zu finden,
erfordert Selbstliebe, Selbstwert und Verständnis. Dioptas
kann Ihnen helfen, Vergebung zu üben, indem er Sie mit
seinen sanften und liebevollen Schwingungen unterstützt.
Sie könnten auch schwarzen Mondstein, Rhodochrosit oder
rosa Turmalin zu diesem Zweck verwenden.

WEISHEIT
UND FREIHEIT

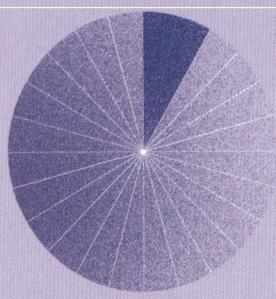

Der Bogenschütze schießt seinen Pfeil hoch und weit.
Manchmal wird das Sternzeichen auch als Zentaur
dargestellt – halb Pferd/halb Mensch, halb wild/halb
philosophisch. In der Schütze-Zeit fühlt man sich ungestüm
und lebendig und will gleichzeitig große existenzielle
Fragen stellen. In dieser Phase erweitert man seine Grenzen
und reist körperlich oder geistig, um mehr über die Welt
und die menschliche Existenz zu erfahren.

SKORPION-HOROSKOP
FÜR DIE SCHÜTZE-ZEIT

Da die Sonne durch Ihren Geld- und
Selbstwertbereich wandert, sollten Sie
sich dem Thema Sicherheit widmen.
Treffen Sie Ihren Finanzberater, lesen
Sie einen Blog zum Thema Geldanlage
oder konzentrieren Sie sich auf Ihre
bisherige Haushaltsplanung. Es könnte
aber auch ein guter Zeitpunkt sein, um
allgemein Ihr Selbstvertrauen und Ihre
Selbstsicherheit zu stärken.

Übung für den Morgen	Übung für den Abend
Gehen Sie in der Natur spazieren oder joggen.	Prägen Sie sich ein inspirierendes Zitat ein.

KRISTALLE FÜR DIE SCHÜTZE-ZEIT

INNERE WEISHEIT

Azurit Der Schütze weiß: Um richtig zu zielen, muss er seiner inneren Weisheit vertrauen. Wer mit seinem wahren Selbst verbunden ist, trifft Entscheidungen leichter. Das Leben fühlt sich insgesamt befriedigender an. Der Azurit kann helfen, Ihr Selbstvertrauen zu stärken und Sie auf Ihre Weisheit einzustimmen. Dafür können Sie auch Idokras, Shattuckit oder Amethyst einsetzen.

EXPANSION

Jaspis Der Schütze steht unter der Herrschaft des Riesen-planeten Jupiter und ist das Zeichen der Ausbreitung. In der Schütze-Zeit können Sie Ihre Grenzen überschreiten. Gibt es einen Lebensbereich, in dem Sie sich eingeengt fühlen? Vielleicht erkennen Sie bei genauerem Hinsehen, dass eine Tür hinaus schon lange offen steht. Spüren Sie die Freiheit mithilfe des Jaspis. Der belebende Stein wird Sie unterstützen, neue Wege zu beschreiten. Ebenso geeignet sind blauer Topas, rosa Chalcedon oder roter Iolith.

ABENTEUER UND REISEN

Türkis Auf der Suche nach neuen Horizonten ist der Türkis ein guter Talisman, der Schutz und Glück verheißt. Reisen und Abenteuer erfordern Mut und Kühnheit, erweitern aber auch den Horizont und verändern Einstellung und Denken. Lassen Sie sich vom Türkis begleiten, wenn Sie über Ihre Grenzen hinausgehen, um sich Aufregung, neuen Möglich-keiten oder Erkenntnissen zu stellen. Sie könnten dazu auch grünen Opal, Rauchquarz oder Aventurin verwenden.

KARRIERE
UND ZIELE

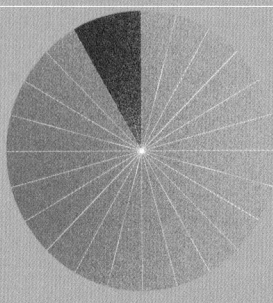

Wie eine Bergziege wählen Sie in der Steinbock-Zeit bei Ihrem Aufstieg sorgfältig einen Weg. Sie setzen die nächsten Schritte gezielt und kommen so sicher und produktiv vorwärts. Nutzen Sie die Steinbock-Energie effizient und taktisch. Sie sollten Antrieb und Ehrgeiz mit einer großen Portion Akzeptanz ausgleichen, sowohl sich selbst als auch anderen gegenüber. Und da Sie fortwährend Ihr Bestes geben, sollten Sie sich gelegentlich eine Pause gönnen.

SKORPION-HOROSKOP
FÜR DIE STEINBOCK-ZEIT

Neue Dinge zu lernen, kann Sie beflügeln. Entscheiden Sie, welchem Thema Sie sich zuwenden möchten. Die Sonne bewegt sich durch Ihren Sektor des Lernens, der Kommunikation und der Freunde. Und wenn es nichts Neues zu lernen gibt, gehen Sie einfach aus dem Haus und mischen Sie sich unters Volk. Nehmen Sie sich Zeit für unbeschwerte Gespräche.

Übung für den Morgen

Schreiben Sie Ihre Ziele auf.

Übung für den Abend

Überlegen Sie, was Sie
schon erreicht haben.

KRISTALLE FÜR
DIE STEINBOCK-ZEIT

ZIELE ERREICHEN

Fluorit   In der Steinbock-Zeit sollten Sie die Dinge Schritt
für Schritt angehen und dabei Ihre großen Ziele im Auge
behalten. Dabei unterstützt Sie der Fluorit. Seine Schwingung kann Ihnen helfen, sich zu konzentrieren und gleichzeitig Energie zu tanken, damit Sie leichter vorankommen
können. Sie könnten stattdessen Ozean-Jaspis, Septarie oder
Tigerauge verwenden.

BERUF

Katzenauge   Die Zeit ist jetzt günstig, um Bilanz zu ziehen.
In beruflicher Hinsicht ist das Katzenauge wertvoll, denn
es hilft, die eigenen Stärken zu erkennen – was für eine
erfüllende Karriere unabdingbar ist. Es wird Sie dabei unterstützen, optimistisch zu sein und an sich selbst zu glauben.
Die strukturierte Energie des Katzenauges hilft auch, Ihre
persönlichen Grenzen zu benennen und zu akzeptieren und
kluge finanzielle Entscheidungen zu treffen. Eine ähnliche
Wirkung haben Andradit, Apatit oder Falkenauge.

SELBSTAKZEPTANZ

Blauer Aragonit   Die Steinbock-Zeit verlangt Fortschritt
und Ergebnisse von Ihnen, was Sie dazu veranlassen könnte,
das bereits Erreichte im Leben infrage zu stellen. Um sich
davon nicht stressen zu lassen, sollten Sie sich so akzeptieren,
wie Sie sind. Der blaue Aragonit inspiriert Sie mit seiner mit-
fühlenden Energie, sich weniger kritisch zu beurteilen und
sich freundlich anzunehmen. Andere Kristalle für Selbst-
akzeptanz sind Prasiolith, Amethyst oder Shungit.

FREUNDSCHAFT UND WEITSICHT

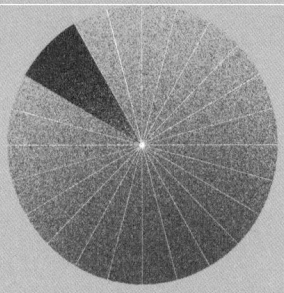

In der Wassermann-Zeit stehen Menschen und Ideen im Vordergrund. Was sind Ihre großen Ideen für die Zukunft? Wer gehört zu Ihrem engen Umfeld? Ihre persönliche Vision könnte auch eine Vision für die Menschheit sein. Überlegen Sie, wofür Sie Zeit, Geld und Ressourcen zur Verfügung stellen könnten. Ihre Freunde, Gemeinschaften und sozialen Gruppen sind in dieser Phase des Jahres besonders wichtig, also setzen Sie die Priorität entsprechend.

SKORPION-HOROSKOP FÜR DIE WASSERMANN-ZEIT

Die Sonne legt nun den Schwerpunkt auf Zuhause, Familie und emotionale Sicherheit. Sie könnten sich eher introvertiert fühlen, was im Widerspruch zu den aufgeschlossenen Schwingungen der Wassermann-Zeit steht. Planen Sie ein geselliges Beisammensein daheim. Nehmen Sie sich Zeit für liebe Menschen. Verschönern Sie die Wohnung oder verbringen Sie viel Zeit mit Ihrer Familie. Kümmern Sie sich liebevoll um Ihre Gefühle.

Übung für den Morgen	**Übung für den Abend**
Gestalten Sie eine Visionscollage und schauen Sie morgens als Erstes darauf.	Führen Sie mit einem Freund ein gehaltvolles, intensives Gespräch.

KRISTALLE FÜR DIE
WASSERMANN-ZEIT

FREUNDSCHAFT

Bismut Wenden Sie sich in der Wassermann-Zeit Ihrer Gemeinschaft zu. Was können Sie anbieten? Was werden Sie erhalten? Freunde bereichern Ihr Leben in vielerlei Hinsicht, vor allem aber fördern sie Ihr Gefühl der Zugehörigkeit. Das hebt die Stimmung. Bismut hat eine expansive Energie, die Ihnen hilft, sich mit anderen zu verbinden. Tragen Sie Bismut bei sich, um sich stets daran zu erinnern, dass Sie eingebunden sind. Sie könnten auch zu Karneol, Sonnenuntergang-Sodalith oder blauem Apatit greifen.

GLAUBE AN DIE ZUKUNFT

Cavansit Die Zukunft ist ungewiss. Manchmal brauchen Sie etwas Nachhilfe in Zuversicht, um auf Ihre Möglichkeiten zu vertrauen. In diesem Fall sollten Sie zu Cavansit greifen. Dieser Heilstein kann Ihnen mit seiner positiven Ausstrahlung den Mut geben, an Ihre verwegensten Zukunftsträume zu glauben. Gute Alternativen sind Peridot, Muskovit oder Auralith-23.

STIMMUNGSAUFHELLUNG

Apophyllit Unterdrücken Sie belastende oder widerstreitende Gefühle nicht – sie sind wichtig und müssen verarbeitet werden –, aber schenken Sie im Gegenzug den positiven Dingen in Ihrem Leben besondere Aufmerksamkeit. Dabei kann Ihnen der weiße oder grüne Apophyllit helfen. Der hochschwingende Kristall kann die Stimmung heben und Ihnen helfen, auf Ihr Potenzial zu vertrauen. Sie könnten auch einen Quarz, Hämatit oder Angelit ausprobieren.

INTUITION UND SPIRITUALITÄT

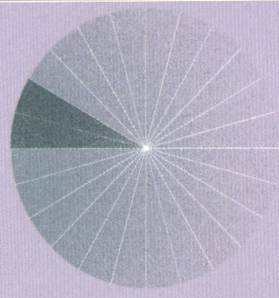

Die mystischste aller astrologischen Zeiten ist die der Fische. Stimmen Sie sich jetzt auf Ihre Intuition ein. Gleiten Sie wie ein schlüpfriger Fisch in die Sphäre Ihrer Träume, Ihres Glaubens, Ihrer Spiritualität, Ihres Mitgefühls und Ihrer Kreativität. Es ist auch eine Phase der Ruhe, der Besinnung und des Blicks nach innen. Finden Sie wieder Zugang zu Fantasie, Emotionen oder was auch immer Ihnen das Gefühl gibt, mit dem Universum verbunden zu sein.

SKORPION-HOROSKOP FÜR DIE FISCHE-ZEIT

Finden Sie Ihren kreativen Funken und teilen Sie ihn mit anderen. Die Sonne erhellt Ihren Raum des Selbstausdrucks, der Freude und der Liebe. Wodurch fühlen Sie sich lebendig und erleuchtet? Finden Sie Wege, mit Ihrer Zeit und Energie großzügig zu sein – das Geben wird Ihnen helfen, Glück, Liebe und Freude zu erfahren.

Übung für den Morgen	Übung für den Abend
Schreiben Sie auf, was Sie geträumt haben.	Schreiben Sie auf, was immer Ihnen hilft, den Kopf freizubekommen.

KRISTALLE FÜR DIE FISCHE-ZEIT

MITGEFÜHL

Lavendelquarz   Dieser Heilstein stärkt das Verständnis für andere Menschen. Er verleiht die nötige Sanftheit, um sich für die Sichtweisen anderer zu öffnen und kritische Situationen mit einem feinen Sinn für Empathie aufzulösen. Dieser beruhigende und heilende Stein kann Ihnen Kraft geben, während Sie sich in andere hineinversetzen. Mitgefühl ist ein Garant für ein erfülltes Leben. Verwenden Sie für denselben Zweck Thulit, Prehnit mit Epidot oder Fluorit.

INTUITION

Rosa Opal   Wer auf sein inneres Leitsystem vertraut, findet ultimative Klarheit. Nutzen Sie die Kraft Ihrer Intuition in der Fische-Zeit mithilfe des rosa Opals. Dieser Heilstein hilft Ihnen, sich mit sich selbst und mit Ihren Vorbildern zu verbinden. Er verstärkt Ihr gefühltes »Ja« oder »Nein«, indem er alle Ablenkungen ausblendet und Sie in Kontakt mit Ihrem Inneren bringt. Andere gute Kristalle zur Betonung der Intuition sind Bergkristall, Moldavit oder Dumortierit.

GLAUBE

Celestit   Glaube bedeutet uneingeschränktes Vertrauen in jemanden oder etwas. Glaube hilft, Ängste zu überwinden. Vertrauen und Zuversicht müssen aber von innen kommen. Nutzen Sie die Fische-Zeit und die Kraft des hochschwingenden Celestits, um unnötige Ängste zu überwinden und Ihr Vertrauen in etwas Größeres zu setzen. Sie können es auch mit Vatikanstein, Apophyllit oder Türkis versuchen.

MONDENERGIE UND BEWEGUNG DES MERKURS

DER
MONDZYKLUS

In der Astrologie ist der Mond ein persönlicher Katalysator, der uns hilft, unsere Ziele und Absichten voranzubringen.

Der 29-tägige Mondzyklus beginnt mit Dunkelheit. Dann zeigt sich eine schmale Sichel, die bis zum Vollmond anschwillt. Dieser Prozess von der Dunkelheit bis zum Vollmond spiegelt die Entwicklung Ihres eigenen kreativen Prozesses wider. Dann nimmt der Mond ab, bis er (scheinbar) ganz verschwindet, was eine weitere Phase des schöpferischen Zyklus widerspiegelt: das Loslassen und Nachlassen Ihrer Bemühungen, um Raum für den Beginn eines neuen Zyklus zu schaffen, in dem neue Gedanken und Ideen entstehen können.

Jede der acht Phasen des Mondzyklus liefert eine andere Art von Energie. Sie können dem Zyklus mit Kristallen folgen und ihn verstärken, indem Sie Ihre Absichten auf den Neumond abstimmen und sich vom Mondzyklus helfen lassen, diese Absichten in die Tat umzusetzen. Der Mondzyklus hilft Ihnen auch dabei, sich zu reinigen und Belastendes loszulassen, damit Sie sanft und befreit in die nächste Phase übergehen können.

Durch die Arbeit mit Kristallen, etwa Visualisierung oder Meditation, können Sie das Potenzial des Mondes nutzen und seine Energie verstärken. Für jede Phase empfehlen sich andere Kristalle, Sie können für die vorgeschlagenen Rituale aber auch Ihren Lieblingsstein verwenden.

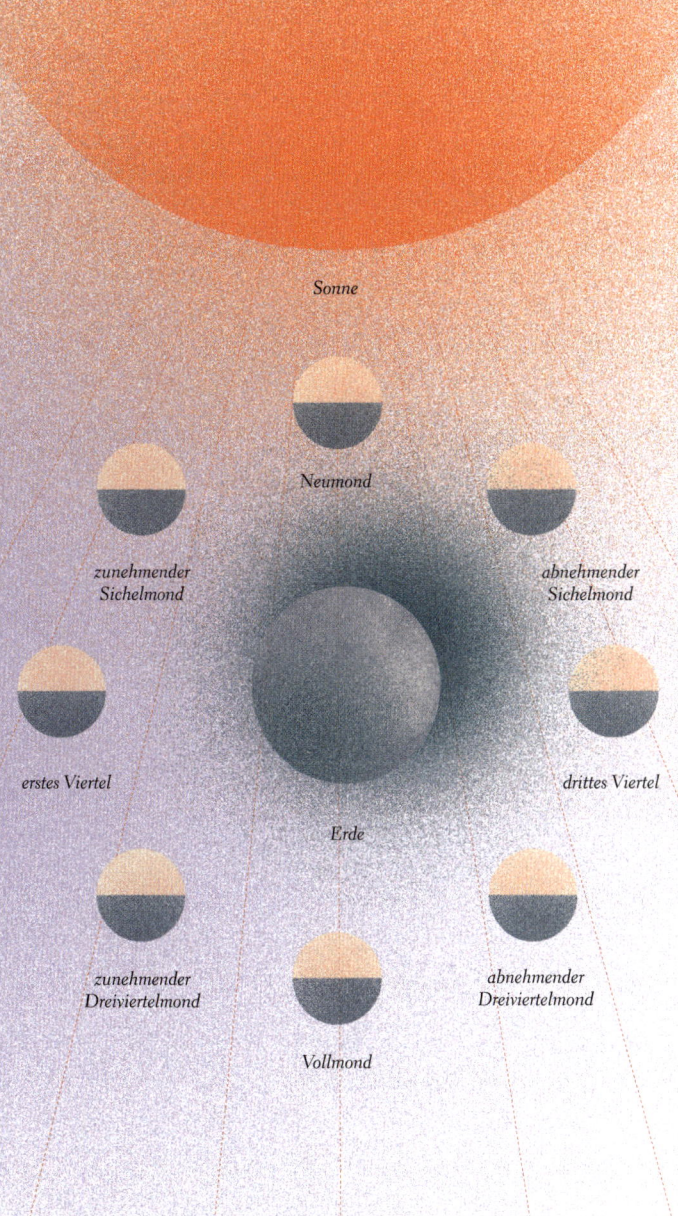

Sonne

Neumond

zunehmender
Sichelmond

abnehmender
Sichelmond

erstes Viertel

drittes Viertel

Erde

zunehmender
Dreiviertelmond

abnehmender
Dreiviertelmond

Vollmond

NEUE ABSICHTEN FORMULIEREN

Der Mond ist im Moment dunkel. Jetzt ist Zeit zur Reflexion, um sich mit dem inneren Selbst zu verbinden. Was wünschen Sie sich? Wovon träumen Sie? Alles ist möglich – stellen Sie sich vor, dass Sie die Samen Ihrer Absichten pflanzen, die während der zunehmenden Mondphase wachsen werden. Der Neumond ist eine bedächtige und emotionale Zeit. Vielleicht werden Sie feststellen, dass viele verschiedene Gefühle sich Bahn brechen, wenn Sie darüber nachdenken, was Sie gern erschaffen würden. Aufregung, Vorfreude, Angst, Sorge – welche Gefühle auch immer sich einstellen, geben Sie ihnen Raum und seien Sie sanft zu sich selbst. Hören Sie auf Ihre Intuition und stellen Sie sich Ihre nächsten Schritte vor.

Schwarzer Mondstein kann Sie während der subtilen Neumondschwingung unterstützen. Er schenkt Ihnen Geduld und Frieden, wenn Sie über Ihre Gefühle und Ihr Leben nachdenken. Wenn Ihre Träume unter der Oberfläche zart keimen, kann der schwarze Mondstein Ihnen helfen, auf das Aufgehen der Saat zu vertrauen.

Labradorit öffnet Ihr Drittes Auge, sodass Sie sich auf Ihre Intuition einstimmen und Ihre Ziele entsprechend Ihrer Bestimmung gestalten können.

Rosa Saphir kann Sie mit liebevoller Energie abfedern und Ihnen helfen, sich emotional wohlzufühlen.

Ametrin sorgt für Freude und Konzentration, sodass Sie Ihre Absichten mit Zuversicht formulieren können.

VERTRAUEN, INSPIRATION, GELASSENHEIT UND FREUDE

Ritual bei Neumond

Schreiben Sie auf, wonach Sie sich sehnen und was Ihnen auf dem Herzen liegt. Dann schreiben Sie Ihre Absichten für den aktuellen Mondzyklus auf ein Blatt Papier und legen Ihren gewählten Kristall darauf.

ABSICHTEN VERSTÄRKEN

Die Samen Ihrer Absichten keimen zunächst unter der Erde, und vielleicht beginnen einige der Pflanzen gerade zu sprießen. Während die Mondenergie an Schwung gewinnt, sollten Sie sicherstellen, dass Sie über die nötigen Ressourcen verfügen, um Ihre Ziele zu erreichen. Sorgen Sie für Struktur und stärken Sie sich selbst. Dieser Zyklus beginnt gerade erst, Gestalt anzunehmen. Überlegen Sie also, wie Ihre Entscheidungen Ihre Richtung bestimmen werden – vielleicht gibt es noch Änderungen oder Korrekturen, die Sie an Ihren Zielen vornehmen möchten. Bleiben Sie während dieses Prozesses neugierig und flexibel, denn alles ist möglich!

WAHRHEIT, INTUITION, VERWIRKLICHUNG UND KONZENTRATION

Türkis ist ein starker Kristall, der Sie durch die schwierige Phase der zunehmenden Sichel tragen kann. Sie brauchen jetzt Vertrauen, klares Urteilsvermögen, Neugier und Engagement. Der Türkis kann Ihnen helfen, die Wahrheit dessen zu verstehen, was Sie erschaffen müssen, und gegenüber dem Prozess offen zu bleiben. Verwenden Sie diesen Stein bei der Entscheidung, was Sie in diesem Mondzyklus unbedingt umsetzen wollen.

Shattuckit hilft, den vor Ihnen liegenden Weg intuitiv zu beleuchten, sodass Sie Entscheidungen fällen, die für Sie richtig sind.

Pyrit ist ein schützender Kristall und eine gute Hilfe bei der Verwirklichung Ihrer Ziele.

Orangencalcit verbessert die Konzentration und schenkt Energie für das, was vor Ihnen liegt.

Ritual bei zunehmender Sichel

Lesen Sie Ihre Absichten für diesen Mondzyklus und schreiben Sie sie – eventuell angepasst – erneut auf. Verzieren Sie das Papier und legen Sie wieder den gewählten Kristall darauf.

DIE DYNAMIK VERSTÄRKEN

Schauen Sie sich in Ihrem Garten der Absichten um. Was wächst bereits? Haben Ihre Ziele begonnen, Gestalt anzunehmen? Falls ja, wie kommen Sie voran? Brauchen Sie mehr Unterstützung? Sehen Sie vielleicht überraschende Ergebnisse? Beim ersten Viertelmond kann die Realität Sie einholen. Ihre großen Träume stoßen möglicherweise an die Grenzen des Machbaren. Vielleicht ist mehr Einsatz erforderlich, als Sie geplant hatten, oder es treten Probleme mit Zeit, Geld, Unterstützung oder anderen Ressourcen auf. Ermutigen Sie sich selbst und bewerten Sie neu, wenn es nötig ist. Dies ist eine bewegte, energiereiche Phase, also bleiben Sie aktiv und verstärken Sie allmählich die Dynamik.

Bienen-Jaspis kann helfen, selbstbewusst Kurs zu halten, wenn Träume und Wirklichkeit aufeinanderprallen. Er spendet die Energie, um Widerständen zum Trotz voranzuschreiten, verringert Ängste und regt an, die Komfortzone zu verlassen.

Peridot hilft mit seiner heiteren Energie, jede Situation optimistisch zu betrachten.

Mandarinenquarz stärkt das kreative Potenzial und hilft so, Probleme mit Leichtigkeit zu lösen.

Aventurin vitalisiert und vermittelt das nötige Selbstvertrauen, um bei der Sache zu bleiben.

SELBSTVERTRAUEN,
OPTIMISMUS, KREATIVITÄT
UND VITALITÄT

Ritual zum ersten Viertel

Zünden Sie eine Kerze an, halten Sie den von Ihnen gewählten Kristall in der Hand und sehen Sie vor Ihrem inneren Auge, wie Ihre Absichten verwirklicht werden.

ABSICHTEN WEITERENTWICKELN

Es ist erstaunlich, was ein wenig Anstrengung bewirken kann! Bei zunehmendem Dreiviertelmond beginnen Sie, die Auswirkungen Ihrer Vorsätze zu erkennen. Wenn Ihr Ziel darin bestand, Ihre Ernährung zu verbessern, fühlen Sie sich jetzt vielleicht schon besser. Wenn Sie neue Kontakte knüpfen wollten, haben Sie vielleicht schon ein paar Gespräche geführt. Jetzt ist es an der Zeit, die Ärmel hochzukrempeln und Ihren Garten aktiv zu gestalten. Was werden Sie ausmustern? Was funktioniert, was nicht? Welche Änderungen könnten Sie vornehmen? Die Intensität hat fast ihren Höhepunkt erreicht, also kümmern Sie sich um Ihr emotionales Wohlbefinden, während Sie weiter Ihre Träume im Blick behalten.

ERDUNG, SCHUTZ, BEGEISTERUNG UND INNERE RUHE

Jet hilft mit seiner erdenden Energie, dass Ihre sprießenden Absichten kräftige Wurzeln entwickeln. Wenn Sie zum Vorankommen viel Kraft und Motivation brauchen, kann dieser Stein nützlich sein. Mit seinen schützenden Schwingungen sorgt er für emotionale Stabilität und hilft Ihnen, voller Hoffnung und Optimismus voranzuschreiten.

Hämatit wirkt ebenfalls schützend und ausgleichend. Er unterstützt Sie in dieser Phase dabei, gut für sich selbst zu sorgen.

Karneol facht Ihre Begeisterungsfähigkeit an und macht es Ihnen leichter, Ihre kreative Seite zu nutzen.

Blue Lace Achat beruhigt den Geist und hilft dabei, fundierte Entscheidungen zu treffen.

Ritual bei zunehmendem Dreiviertelmond

Halten oder tragen Sie den Kristall Ihrer Wahl und tun Sie etwas, das sich aktiv oder ausdrucksstark anfühlt, wie Tanzen, Malen, Gartenarbeit, Kochen oder Singen. Stellen Sie sich Ihre Ziele vor und sprechen Sie Ihre Absichten laut aus.

ERNTE

Das Licht des Monds legt alles offen: Ihre Bemühungen, Erfolge und Niederlagen. Nun ist es Zeit für die Ernte. Unabhängig davon, ob der Ertrag Ihren Erwartungen entspricht, gibt es etwas zu feiern. Würdigen Sie, was Sie geschaffen haben, und danken Sie sich selbst für Ihren Einsatz. Diese Phase steht für das Aufeinandertreffen zweier entgegengesetzt wirkender Energien, da der Mond im der Sonne entgegengesetzten Zeichen steht. So entsteht eine polarisierte und intensive Energie, die Emotionen verstärkt, Sie in zwei verschiedene Richtungen ziehen oder Ihnen etwas Wichtiges bewusst machen kann. Gehen Sie in dieser Phase sehr sanft mit sich selbst und Ihren Mitmenschen um.

AUSLOTEN VON EMOTIONEN, FÜLLE, FRIEDEN UND EMPFÄNGLICHKEIT

Weißer Mondstein symbolisiert den Vollmond mit all seiner Kreativität und Aufregung. Das helle Licht des Kristalls lässt Sie klarsehen. Wenn Sie die Früchte begutachten, die Sie während der Phase des zunehmenden Mondes kultiviert haben, nutzen Sie die aufnahmefähige und heilende Energie des weißen Mondsteins, um zu akzeptieren und zu feiern. Es ist Zeit für Dankbarkeit, und dieser beruhigende Kristall wird Ihnen helfen, sich diesem Gefühl zu öffnen.

Grüner Apatit ist ein Gegenpol zur Dramatik des Vollmonds. Er verstärkt Freude und Fülle.

Jade besitzt eine subtile, beruhigende Energie, die zu einer optimistischen Einstellung verhilft.

Stilbit verbindet Herz, Geist und Intuition. Dies kann helfen, Ihre Emotionen rational auszubalancieren und sich dennoch für höhere Einsichten zu öffnen.

Ritual bei Vollmond

Halten Sie Ihren Kristall und notieren Sie drei Dinge, für die Sie dankbar sind. Bei Vollmond können Sie auch Ihre Kristalle reinigen: Legen Sie sie draußen auf ein Fenstersims für ein Mondbad.

REFLEKTIEREN UND ZURÜCKBLICKEN

Jetzt, da die Intensität des enthüllenden Mondlichts nachlässt, können Sie sich tiefer in Ihre neue Realität einleben. Gönnen Sie sich etwas und genießen Sie es. Da der Mond mittlerweile von der zunehmenden zur abnehmenden Phase übergegangen ist, beginnt eine weniger aktive und empfänglichere Phase. Das bedeutet, dass Sie einfach in der verebbenden Fülle ausharren können. Beginnen Sie eine mitfühlende Rückschau. Was haben Sie gelernt? Was werden Sie im nächsten Mondzyklus anders machen? Jeder neue Mondzyklus profitiert von einer gereiften, erfahreneren Version Ihrer selbst. Versinken Sie also in diesem Moment der Reflexion und lernen Sie sich selbst noch einmal besser kennen.

SCHUTZ, KRAFT, FREUDE UND GELASSENHEIT

Obsidian unterstützt und puffert mit seiner schützenden Energie. Verwenden Sie ihn bei abnehmendem Dreiviertelmond, um die Vergangenheit loszulassen und sich in der Erfahrung des Augenblicks sicher zu fühlen. Die reinigenden Schwingungen des Obsidians können Ihnen helfen, Gedankenmuster zu entschlacken und eine neue Perspektive einzunehmen. Nutzen Sie seine klärende Energie, um Ihre Situation objektiv und gelassen zu betrachten.

Tigerauge gibt Ihnen Mut und Kraft, wenn Sie Ihren bisherigen Weg bewerten und Verbesserungen planen.

Citrin schenkt Freude und Optimismus, sodass Sie Ihre Leistung positiv durch eine rosa Brille sehen können.

Celestit schenkt beim Abstieg vom Gipfel des Vollmonds innere Ruhe.

Ritual bei abnehmendem Dreiviertelmond

Setzen Sie sich mit einem Tee, Wasser oder einem anderen Getränk und Ihrem Kristall einen Moment in Ruhe hin. Beschäftigen Sie sich noch einmal mit Ihrer Absicht und Ihrer Dankbarkeitsliste.

DRITTES VIERTEL

LOSLASSEN

Loslassen ist nötig, um Platz für Neues zu schaffen. Im letzten Viertel dürfen die Blätter fallen und die verwelkenden Pflanzen sich in den Boden zurückziehen. Ein Baum wirft seine Blätter ab, um Ressourcen zu sparen. Überlegen Sie, was Sie loslassen wollen, um Ihre Energie anderweitig einsetzen zu können. Gibt es jemanden, dem Sie verzeihen müssen? Müssen Sie Erwartungen reduzieren und etwas in Ihrem Leben hinnehmen? Trennen Sie sich von Vergangenem und überholten Denkmustern. Vielleicht räumen Sie Ihren Kleiderschrank auf, geben Fehler zu, sind wirklich ehrlich zu sich selbst oder verzeihen sich und anderen. Bemühen Sie sich im letzten Viertel, alle Emotionen und Ideen loszulassen, die nur unnötig Energie verbrauchen.

LIEBE, UNTERSTÜTZUNG, ERDUNG UND BEHUTSAME SELBSTREFLEXION

Rosenquarz wirkt wie Balsam für die Seele und hilft, sich selbst und anderen zu verzeihen. Wenn Sie im letzten Viertel Erwartungen loslassen und Ihre momentane Realität akzeptieren, brauchen Sie eine beruhigende Unterstützung, die hilft, sich mitfühlend zu öffnen. Rosenquarz ermutigt mit seiner spielerischen, liebevollen Schwingung, die Situation anzunehmen und nach vorn zu schauen.

Rutilquarz unterstützt Sie bei der Umsetzung Ihrer Pläne, während Sie das Gelernte überprüfen und die nächsten Schritte planen.

Rauchquarz bietet Erdung, Schutz und Unterstützung bei der Entscheidung über Gedanken und Gefühle, die Sie gern loslassen möchten.

Amethyst hilft, alte Denkmuster abzulegen und neuen Möglichkeiten eine Chance zu geben.

Ritual zum letzten Viertel

Lassen Sie sich ein Bad ein und legen Sie einen ungiftigen, wasserfesten Kristall (z. B. Quarz oder Amethyst) ins Wasser. Wiederholen Sie folgende Affirmationen: »Ich schaffe Raum für Klarheit« und »Ich lasse die Vergangenheit los«.

STILLE UND AUSRUHEN

Im metaphorischen Garten herrscht Winterruhe, und auch Sie sollten sich nach innen wenden und alle Systeme runterfahren. Diese Stille hat Ihren Wert: Indem Sie Ihrer inneren Landschaft erlauben, ohne Wertung zu existieren, würdigen Sie, wer Sie hier und jetzt sind. Die Verlangsamung aller Prozesse kann Ihnen auch helfen, Ihre Werte und Ihre emotionale Wahrheit zu entdecken – die vielleicht nicht so offensichtlich sind, wenn Sie geschäftig umherrennen. Zudem hilft Ihnen die Ruhephase, Energie für den nächsten Zyklus zu sammeln. Entschleunigen Sie bewusst, bis Sie im Moment ankommen. Sobald der nächste Mondzyklus beginnt, wird noch genügend Zeit für neue Pläne und Träume sein.

BEZUG ZUR NATUR, REINIGUNG, RUHE UND REFLEXION

Serpentin kann helfen, ein Tor zur inneren Stille und zur tiefen Verbundenheit mit dem Universum zu öffnen. Wenn Sie dieses Mineral zur Meditation bei abnehmendem Sichelmond verwenden, werden Sie leichter erkennen, dass Sie sich gerade um nichts und niemanden aktiv kümmern müssen. Lassen Sie sich treiben, es ist für alles gesorgt. Sie werden wissen, wann die Zeit zum Handeln wieder gekommen ist.

Selenit kann mit seiner reinigenden Energie dabei helfen, den vergangenen Zyklus zu den Akten zu legen und sich auf den nächsten vorzubereiten.

Howlith beruhigt den Geist und bringt den inneren Kritiker zum Schweigen.

Aquamarin hilft dabei, einen meditativen Zustand zu erreichen, in dem Sie Ihre innere Stille gut hören können.

Ritual bei abnehmendem Sichelmond

Führen Sie eine Meditation eigener Wahl durch. Halten Sie dabei Ihren Kristall entweder in den Händen, legen Sie ihn auf den Körper oder in Ihre Nähe.

RÜCKLÄUFIGER
MERKUR

Der rückläufige Merkur ist ein interessantes Phänomen. Bekannt ist, dass er Technologie- und Kommunikationsprobleme verursacht. Aber er lädt auch ein, innezuhalten und neu zu bewerten, wo Sie stehen und wohin Sie gehen wollen. Rekapitulieren Sie Ihre Pläne und Ziele.

Der Merkur symbolisiert Verbindung, Kommunikation und Technologie. Er steht für den Teil von Ihnen, der lernt, denkt, lehrt und spricht.

Merkur umkreist die Sonne etwa viermal so schnell wie die Erde. Jedes Mal, wenn er die Erde passiert, entsteht durch eine optische Täuschung der Eindruck, er bewege sich rückwärts. Diese scheinbare Rückläufigkeit ist eine gute Gelegenheit, selbst langsamer zu werden. Überprüfen Sie Ihre Gedanken und Entscheidungen der letzten Monate noch einmal. Wenden Sie sich nach innen, beobachten Sie und lassen Sie sich von Ihrer Intuition leiten.

Der rückläufige Merkur tritt etwa dreimal im Jahr auf und dauert jedes Mal etwa drei Wochen. Nutzen Sie diese Phasen, um mit sich selbst ins Reine zu kommen. Haben Sie zuletzt ein unangenehmes Gespräch vor sich hergeschoben? Machen Sie sich in Bezug auf Beruf, Geld oder Beziehungen möglicherweise etwas vor? Beachten Sie die Signale Ihres Körpers? Was könnte Ihnen helfen, sich sicherer und besser unterstützt zu fühlen?

Während der Rückläufigkeit des Merkurs kommen unterschwellige Probleme an die Oberfläche. Es ist ratsam, während dieser Zeit besonders klar zu kommunizieren und mit dem Beginn neuer Projekte oder der Unterzeichnung von Verträgen zu warten, bis die rückläufige Phase beendet ist. Aber es ist auch eine ausgezeichnete Zeit, um dort anzuknüpfen, wo man zuletzt aufgehört hat – um zu überdenken, neu zu konzipieren und zu überprüfen.

KRISTALLRITUALE BEI RÜCKLÄUFIGEM MERKUR

Die Energie von Heilsteinen kann Ihnen in Phasen des rückläufigen Merkurs helfen, Ihren viel beschäftigten Verstand zu verlangsamen und sich mehr auf Ihre Intuition einzustellen. Wenn Sie Ihre Gedanken überprüfen, werden die folgenden Kristalle Ihre Intuition und Klarheit verstärken.

KLARE
EINSICHT

Pietersit Verwenden Sie diesen gesprenkelten Stein für klare Einsicht, gepaart mit fester Entschlossenheit.

KLARHEIT UND
KOMMUNIKATION

Aquamarin Dieser Stein beruhigt den Geist und stärkt gleichzeitig die Fähigkeit zu klarer Kommunikation.

KREATIVES
DENKEN

Citrin Der Heilstein regt die Fantasie an und hilft Ihnen so, sich vorzustellen, wie Sie Handlungsmuster oder Situationen verändern möchten.

Ritual zu Beginn des rückläufigen Merkurs

Um die Themen, die Sie besonders beschäftigen, kritisch zu überprüfen, schreiben Sie die folgende Aufforderung in Ihr Tagebuch: »Was muss ich sehen, was ich noch nicht sehe, wenn es um mein ... geht?« Schenken Sie sich dabei viel Dankbarkeit und rufen Sie den von Ihnen gewählten Kristall an, um Verständnis und Klarheit zu schaffen. Wenn Sie damit fertig sind, schreiben Sie drei Erkenntnisse auf ein Blatt Papier und legen Ihren Heilstein für den Rest der Rückläufigkeit darauf. Nutzen Sie seine Kraft und lassen Sie Ihr Unterbewusstsein die Feinheiten dieser Gedanken und Fragen in den kommenden Wochen weiter erforschen.

Ritual am Ende des rückläufigen Merkurs

Fassen Sie am Ende der Rückläufigkeit den Plan, das zu integrieren, was Sie in den vergangenen Tagen gelernt haben. Nehmen Sie Ihre Notiz und Ihren Stein wieder zur Hand. Was hat sich inzwischen für Sie ergeben oder verändert? Hat sich eine neue Erkenntnis, eine neue Einstellung oder ein neues Interesse gezeigt? Gibt es eine Absicht (siehe Seite 22) oder eine Affirmation, die sich aus dieser Selbsterforschung ergeben könnte? Falls ja, schreiben Sie sie auf. Schauen Sie in einen Spiegel und wiederholen Sie die Absicht oder Affirmation dreimal, während Sie Ihren Heilstein halten. Danach danken Sie ihm und sich selbst. Wiederholen Sie dieses Ritual in den nächsten zwei Wochen täglich.

SCHLUSSWORT

Dieses Buch hat Sie tief unter die (Erd-) Oberfläche geführt, durch die metaphorischen Sphären der Steine, Kristalle, Mineralien und ihrer Symbolik. Sie haben etwas über die Gestirne erfahren, die zu Ihrer Geburtsstunde am Himmel standen und seitdem Ihr Leben beeinflussen. Indem Sie die Kräfte der Sterne mit denen der Heilsteine verbinden, erhalten Sie nützliche Werkzeuge für Ihre individuelle Lebensreise.

Im zweiten Teil haben Sie Heilsteine kennengelernt, die zu Ihren astrologischen Gegebenheiten passen. Dieser Teil enthielt Einsichten für den Skorpion als Ihr Sonnenzeichen, als Mondzeichen und als Aszendent. Außerdem haben Sie erfahren, welche Kristalle Sie in fünf wichtigen Bereichen des Lebens unterstützen können.

Das Leben ist ständiger Veränderung unterworfen. Im dritten Teil des Buchs haben Sie gelernt, wie Sie der Energie der Sonne auf ihrer jährlichen Reise durch den Tierkreis folgen können und welche Kristalle Ihnen helfen können, das Thema jeder astrologischen Phase herauszuarbeiten.

Im vierten Teil ging es darum, wie sich das Auf und Ab des Mondzyklus mit den Energien von Heilsteinen kombinieren lässt. Außerdem konnten Sie einüben, die Kraft der Kristalle in Verbindung mit dem rückläufigen Merkur zu nutzen, um drei- bis viermal jährlich Ihr Denken zu überprüfen.

Die Antworten auf alle großen Fragen tragen Sie bereits in sich. Wenn Sie einen Stein wählen, erwecken Sie seine Schwingung auch in sich selbst. Nutzen Sie das Gelesene, um wahrzunehmen, was bereits in Ihnen existiert. Alles, was Sie brauchen, ist vorhanden.

Mit den Sternen am Himmel und den Kristallen aus der Erde sind Sie immer verbunden und getragen. Gemeinsam können die Steine und die Sterne Ihre Selbsterkenntnis und Ihr Selbstvertrauen stärken, während Sie Ihre Lebensreise fortsetzen.

Heilsteine und Astrologie können keine medizinische Beratung, Diagnose oder Behandlung ersetzen. Wenden Sie sich im Krankheitsfall immer an Ihren Arzt.

WEITERE INFORMATIONEN

HOMEPAGE DER AUTORIN	https://www.sandysitron.com/crystals
HEILSTEINE KAUFEN	https://heilsteinparadies.de/ https://www.heilsteinwelt.de/ https://www.heilstein-edelstein.de/ https://www.heil-edelstein-shop.com/
AUDIO-CD	Anja Tochtermann, *Herzöffnung – Heilsame Botschaften der Kristalle*, 2017
WEITERFÜHRENDE LITERATUR	Viktor Archuleta, *Chakras für Einsteiger*, München 2021
	Deepak Chopra, *Meditationen und Affirmationen*, München 2021
	Cerridwen Greenleaf, *Das Buch der magischen Sprüche*, München 2020
	Gerhard Gutzmann, *Das große Lexikon der Heilsteine, Düfte und Kräuter*, Ahlerstedt 2021
	Jenni Kosarin, *Traumdeutung*, München 2018
	Aljoscha Long, Ronald Schweppe, *55 Achtsamkeitsimpulse für dich*, München 2020
	Konstanze Quirinbach, *Ich bin da. Affirmationskarten*, Schlangenbad 2011
	Mya Spalter, *Witchcraft. Das Hexen-Handbuch für ein magisches Leben: Orakel, Kräutermagie, Schutzrituale & Heilsteine*, München 2019
	Kurt Tepperwein, *Heile dein inneres Kind*, München 2020
	Klausbernd Vollmar, *Das große Praxisbuch der Traumdeutung*, München 2011

REGISTER DER HEILSTEINE

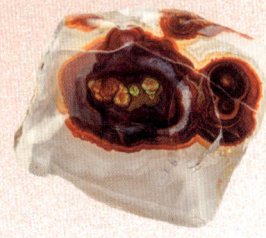

Laurence King Verlag GmbH
Jablonskistraße 27, 10405 Berlin
www.laurencekingverlag.de

Erstmals erschienen bei Laurence King Publishing in Großbritannien 2022

Laurence King Publishing ist ein Imprint von
The Orion Publishing Group Ltd
Carmelite House, 50 Victoria Embankment
London EC4Y 0DZ

Ein Unternehmen von Hachette UK

Copyright © Sandy Sitron 2022
Illustrationen © Therese Vandling 2022
Design: Therese Vandling

Sandy Sitron hat ihr Recht unter dem Copyright, Design and Patents Act 1988
geltend gemacht, als Autorin dieses Werkes benannt zu werden.

Für die deutsche Ausgabe
Übersetzung: Wiebke Krabbe, Damlos
Lektorat und Satz: lesezeichen Verlagsdienste, Köln
Projektleitung: hauffe publishing, Dortmund

ISBN: 978-3-96244-275-0

1. Auflage 2022
Gedruckt in China bei C&C Offset Printing Co. Ltd

Laurence King Publishing setzt sich für eine ethische und nachhaltige
Produktion ein. Wir sind stolzes Mitglied des Book Chain Project ®.
Bookchainproject.com

www.laurenceking.com
www.orionbooks.co.uk